Von Sarajevo bis Bad Ischl

JOHANN SZEGÖ

Von Sarajevo bis Bad Ischl

VOM ATTENTAT BIS ZUR KRIEGSERKLÄRUNG

METROVERLAG

Franz Ferdinand und Oberts Carl Bardolff bei einem Manöver im Juni 1914

MOTTO

„*International* wird hier erwiesen, wie eine friedliche, fleißige, vernünftige Masse von 500 Millionen von ein paar Dutzend unfähiger Führer durch gefälschte Dokumente, durch Lügen von Bedrohung und vaterländische Phrasen in einen Krieg gehetzt worden ist, der nichts von der Notwendigkeit des Schicksals an sich trug.“

Emil Ludwig, 1929

GEGENMOTTO

„Wenn ein paar Dutzend unfähiger Führer 500 Millionen Vernünftige hereinlegen konnten, dann waren diese 500 Millionen vielleicht doch nicht so vernünftig …“

Der Autor, 2013

INHALT

Vorwort

Im November 1963 wurde John Fitzgerald Kennedy, der Präsident der Vereinigten Staaten, ermordet, ohne dass dieses Verbrechen einen Krieg nach sich gezogen hätte. Österreich erklärte auch keinem arabischen Staat den Krieg, nachdem die Abu-Nidal-Gruppe den Wiener Stadtrat Heinz Nittel 1981 umgebracht hatte. Aber das „erfolgreiche" Attentat auf das österreichisch-ungarische Thronfolgerpaar in Sarajevo hat 1914 in vier Wochen zu einer Kriegserklärung geführt, in weiteren vier Wochen kam es zu einem Flächenbrand: Es erfolgten 13 Kriegserklärungen, die Welt stand in Flammen, erklärte ja auch das ferne Japan Deutschland den Krieg. Nach einigen Jahren hatten die Karibikstaaten (z. B. Honduras, Kuba, Costa Rica etc.) auch keine anderen Sorgen, als in diesen Krieg einzutreten – genauso wie das riesige China in Asien oder das weniger riesige Liberia in Afrika.

Wieso und warum?

Schauen wir zuerst die politischen Hauptpersonen, nämlich jene Staaten an, auf die es damals angekommen ist:

Serbien

Der Attentäter von Sarajevo, Gavrilo Princip (1894–1918), war zwar kein serbischer Staatsangehöriger, aber bosnischer Serbe, er war serbischer Nationalist. Princip und seine Mitverschwörer wurden von Serbien aus gelenkt, um ganz genau zu sein, vom serbischen Geheimbund *Ujedinjenje ili Smrt* (= *Vereinigung oder Tod*), kürzer: *Crna ruka,*

Gavrilo Princip (1894–1918)

die *Schwarze Hand*. *Crna ruka* hatte übrigens auch einige kroatische Studenten und sogar Lokalpolitiker als Mitglieder, und diese waren ja österreichische oder ungarische Staatsbürger.

In Serbien regierte seit 1903 König Peter I. (1844–1921[1]) aus der Dynastie Karađorđević (einfacher geschrieben: Karadjordjevic). Mit der Ermordung König Aleksanders aus dem Hause Obrenović und seiner Gattin 1903 war diese österreichfreundliche Dynastie ausgestorben, ihre Feinde triumphierten und besetzten den Thron. Die fast hundert Jahre dauernden Zwistigkeiten, Hassorgien, Kleinkriege, Morde und die gegenseitige Bekämpfung der beiden Familien Karađorđević und Obrenović gingen zu Ende. Peter I. war sicher ein beliebterer König als sein dem Luxus ergebener Vorgänger. Durch die Idee, alle Serben unter Peters Herrschaft zu vereinigen, war Serbien natürlich der Hauptfeind der österreichisch-ungarischen Monarchie, lebten ja viele Serben unter habsburgischem Zepter. Schirmherr Serbiens war Russland. Allerdings gewann Serbien auch ohne russische Hilfe 1912 und 1913 zwei Kriege: In den beiden Balkankriegen stand es auf der Siegerseite und konnte sein Vorkriegsgebiet (48.000 km²) fast verdoppeln (87.000 km²).

Österreich-Ungarn

Seit der verlorenen Schlacht von Königgrätz (1866) war das habsburgische Reich keine Militärgroßmacht mehr, aber mit seinem 1866er-Bezwinger nunmehr bestens befreundet: Der 1879 mit Deutschland abgeschlossene Zweibund schweißte die beiden ehemaligen Feinde zusammen.

---

1 Jahreszahlen hinter Herrschernamen geben immer die Lebenszeit und nicht die Regierungszeit an.

Eine Parade mit Kaiser Franz Josef (1830–1916) und Erzherzog Franz Ferdinand

Die österreichisch-ungarische Doppelmonarchie bestand übrigens 1914 nicht mehr aus zwei Teilen, wie man das von einer Doppelmonarchie erwartet, sondern aus drei: Zu Österreich und Ungarn kam noch Bosnien-Herzegowina. An der Spitze der Monarchie: Kaiser und König Franz Joseph (1830–1916) oder, wenn Sie an Details interessiert sind: *Seine Kaiserliche und Königliche Apostolische Majestät, von Gottes Gnaden Kaiser von Österreich, König von Ungarn und Böhmen, von Dalmatien, Kroatien, Slawonien, Galizien, Lodomerien und Illyrien; König von Jerusalem etc.; Erzherzog von Österreich; Großherzog von Toskana und Krakau; Herzog von Lothringen, von Salzburg, Steyer, Kärnten, Krain und der Bukowina; Großfürst von Siebenbürgen, Markgraf von Mähren; Herzog von Ober- und Niederschlesien, von Modena, Parma, Piacenza und Guastalla, von Auschwitz und*

11

Zator, von Teschen, Friaul, Ragusa und Zara; Gefürsteter Graf von Habsburg und Tirol, von Kyburg, Görz und Gradisca; Fürst von Trient und Brixen; Markgraf von Ober- und Niederlausitz und in Istrien; Graf von Hohenems, Feldkirch, Bregenz, Sonnenberg etc.; Herr von Triest, von Cattaro und auf der Windischen Mark; Großwojwode der Wojwodschaft Serbien etc. etc. (Übrigens: Die damaligen Schulkinder mussten diesen so genannten *Großen Titel* auswendig lernen.)

Thronfolger war Franz Josephs Neffe: Erzherzog Franz Ferdinand (1863–1914), dessen Unbeliebtheit alle Rekorde schlug. Er war zwar ein zärtlicher Mustergatte, ein liebender Familienvater seiner Kinder – sonst aber aufbrausend, jähzornig, beleidigend.

Erzherzog Franz Ferdinand von Oesterreich und Herzogin von Hohenberg.
† Sarajevo, den 28. Juni 1914.

Er heiratete – Ausnahme bei Fürstenhochzeiten! – aus Liebe, er musste einst lange kämpfen, um seine Auserwählte, eine böhmische Gräfin, ehelichen zu dürfen: Sie war ihm nämlich nicht ebenbürtig, es handelte sich um eine morganatische Ehe. Franz Joseph widersetzte sich mit all seiner Energie dieser nicht standesgemäßen Bindung – letzten Endes wurde ein Kompromiss gefunden, und Franz Ferdinand durfte seine Sophie zum Traualtar führen. Er durfte auch weiterhin als Thronerbe gelten, musste aber im Namen seiner noch nicht einmal gezeugten Kinder auf deren Thronrechte verzichten.

So, haben wir jetzt alles besprochen? Jein! Einige Begriffe müssen noch geklärt werden! Hand aufs Herz: Kennen Sie den Unterschied zwischen einem k.u.k. Finanzminister und einem k.k. Finanzminister? Zwischen einem k.k. Ministerpräsidenten und einem kgl. ung. Ministerpräsidenten?

Also: Im Sinne des österreichisch-ungarischen Ausgleichs 1867 waren Österreich und Ungarn zwei Staaten. Beide Staaten hatten eine eigene Regierung, eine eigene gewählte parlamentarische Vertretung, aber sie hatten denselben Herrscher, nämlich den Kaiser Franz Joseph (in Österreich) bzw. den König Ferenc József (in Ungarn). Und damit wir die anderen Nationalitäten der alten Monarchie auch nicht ignorieren: František Josef, Franjo Josip, Francesco Giuseppe, Franciszek Józef, Francisc Iosif, František Jozef, Franc Jožef, Франц Йосиф, Фрањо Јосиф.

Außer dem gemeinsamen Herrscher gab es drei so genannte gemeinsame Angelegenheiten Österreichs und Ungarns: Außenpolitik (also ein gemeinsames Außenministerium), Kriegswesen (mit einem gemeinsamen Kriegsministerium), und weil die Außenpolitik viel und die Armee noch mehr Geld kostet, gab es ein gemeinsames Finanzministerium für die Finanzen der beiden o.e. Ministerien. Diese drei Ministerien hießen *kaiserlich und königlich (k.u.k.)*.

Alles andere war in Österreich *kaiserlich-königlich* (k.k.), in Ungarn aber *königlich-ungarisch* (kgl. ung.). Und wenn der kgl. ung. Innenminister den ungarischen Polizisten etwas anschaffte, war das den österreichischen Polizisten vollkommen egal, genauso egal wie die Weisungen des k.k. österreichischen Eisenbahnministers den ungarischen Stationsvorständen oder Schlafwagenschaffnern. Außerdem gab es in beiden Reichshälften ein eigenes

Finanzministerium für jene Finanzfragen, die mit den gemeinsamen Angelegenheiten nichts zu tun hatten.

Reicht es?

Nein?

Na gut! Abgesehen von der gemeinsamen k.u.k. Armee gab es eine eigene österreichische Armee, nämlich die Landwehr (dazu ein k.k. Landesverteidigungsministerium). Dementsprechend hatte die ungarische Reichshälfte ein eigenes kgl. ung. Verteidigungsministerium für die rein ungarische Honvéd-Armee.

Dass die Italiener aus Triest, die Böhmen aus Prag, die Polen aus Krakau und die Slowenen aus Laibach österreichische Staatsbürger gewesen sind, ist genauso selbstverständlich wie die ungarische Staatsbürgerschaft der Rumänen aus Siebenbürgen, der Slowaken aus dem Oberland und der Ruthenen aus der Karpatho-Ukraine etc.

Das höchste Organ der österreichisch-ungarischen Monarchie war der gemeinsame Ministerrat. Teilnehmer: die drei gemeinsamen Minister (wiederholen wir: Außen-, Kriegs-, Finanz-) und die beiden Ministerpräsidenten (der k.k. österreichische und der königlich ungarische). Ab und zu wurden auch andere Würdenträger als Experten eingeladen, z. B. der Chef des k.u.k. Generalstabes (bitte nicht *Generalstabschef* sagen – das war wieder ein anderes Amt, eine andere Würde). Präsidiert hat im gemeinsamen Ministerrat der jeweilige k.u.k. Außenminister. Und wenn der Kaiser (= König) an einer Sitzung des gemeinsamen Ministerrates teilnahm, dann mauserte sich dieses Gremium zum *Kronrat*.

Jetzt quäle ich Sie aber wirklich nicht mehr weiter!

Deutschland

Der große Partner Deutschland galt bereits als die erste Industriemacht des Kontinents. Dass es auch eine Militärmacht war, musste Frankreich 1870 schmerzvoll zur Kenntnis nehmen. Zusammengeschweißt wurde dieses Kaisertum durch den *Eisernen Kanzler*, Otto von Bismarck (1815–1898). Dessen Credo: Deutschland darf niemals einen Zweifrontenkrieg führen, Frankreich ist der Hauptfeind, also schließen wir mit Russland einen Rückversicherungsvertrag ab! Der Vertrag wurde in der Tat abgeschlossen, durch interne Intrigen „wurde Bismarck gegangen", wie es in Wien so schön heißt. Seine Nachfolger glaubten, gescheiter zu sein, sie verlängerten den Vertrag nach dessen Ablauf trotz russischer Bereitschaft nicht – daraufhin schlossen sich die Russen Frankreich und England an.

An des Staates Spitze: Kaiser Wilhelm II. (1859–1941). Er kam mit einem verkrüppelten Arm zur Welt – ob diese Behinderung zu psychischen Problemen führte, kann man heute nicht mehr feststellen. Jedenfalls küssten seine Untertanen ihm die Hand (diese Art der Unterwürfigkeit kam bei Franz Joseph nicht in Frage, auch beim 1790 gestorbenen Joseph II. nicht). Mit seinem Partner, Franz Joseph, hatte Wilhelm II. ein korrektes Verhältnis, mit dem fast gleichaltrigen, in Mayerling in den Freitod gegangenen Kronprin-

Kaiser Wilhelm II. von Preußen (1859–1941)

zen Rudolf (1858–1889) verband ihn einst nur gegenseitiger Hass. Sehr gut und herzlich befreundet war er hingegen mit dem nächsten Thronfolger: mit Franz Ferdinand. Wilhelms Mutter war eine

15

englische Prinzessin, das heißt, der Deutsche Kaiser[2] war ein Enkel der britischen Königin Victoria (1819–1901).

Der Aufbau des deutschen Staates war sicher einfacher als jener der k.u.k. Monarchie, aber auch da gab's einige Feinheiten: Nebst der gemeinsamen deutschen Außenpolitik und deutschen Botschaften hatten auch Bayern und Sachsen ihre eigenen diplomatischen Vertretungen im Ausland! Außerdem hatten einige der früher unabhängigen deutschen Staaten ihre eigenen Regierungen – Details später.

Viel einfacher war es in den zentralistisch regierten Staaten (Frankreich, Serbien usw.): Da gab es eine Regierung – aus, basta!

Italien

1882 schloss sich Italien dem Zweibund an, der sich dadurch also zum Dreibund mauserte. Ein Unding! Italiens Hauptgegner (Hauptrivale, Hauptfeind) war eindeutig Österreich, dessen italienisch bewohnte Gebiete Rom unbedingt haben wollte (und einige nicht-italienisch bewohnte noch dazu). Regiert hat König Viktor Emanuel III. (1869–1947), der später (1915) beim Kriegseintritt Italiens gegen den Zweibund eine aktive Rolle spielen sollte. Seine Gattin war Prinzessin Elena, Tochter König Nikolas (1841–1921) von Montenegro. Ob sie dadurch eine Rolle gespielt hat, dass sie den Ehemann auf ihres Vaters Seite in den Krieg ziehen ließ? Wer weiß!

---

2 Der Autor weiß, dass es „deutscher Kaiser" heißen sollte, genauso wie z. B. spanischer König, polnischer Präsident usw. Aber der offizielle Titel des Monarchen war damals nicht *Kaiser von Deutschland,* sondern *Deutscher Kaiser* mit großem „D".

Frankreich

1914 gab es in ganz Europa nur vier Republiken: San Marino, die Schweiz, Portugal und Frankreich. In Frankreich war es die dritte Republik, und sie stöhnte unter den überharten Friedensbedingungen nach dem verlorenen Krieg gegen Preußen (1870/71): fünf Milliarden Franken an Deutschland in drei Jahren! Der Verlust von Elsass und Lothringen war ebenfalls ein wunder Punkt.

Die Unzufriedenen, die Revanchisten sammelten sich um General Boulanger (1837–1891), dessen Tod in einen Dumas-Roman passen könnte: Er erschoss sich am Grabe seiner Freundin. Sein Geist aber lebte auch nach seinem Tode weiter. Staatspräsident war seit 1913 der aus Lothringen stammende Rechtsanwalt Raymond Poincaré (1860–1934), ein Vertreter des französischen Nationalismus.

Vereinigtes Königreich

Die größte Kolonialmacht der Geschichte! Herr über Zigmillionen von Untertanen zwischen Vancouver und Kapstadt, zwischen London und Melbourne, war König Georg V. (1865–1936), Kaiser von Indien, ein Enkel der großen Königin Victoria – wir stellen also fest: ein Cousin des Deutschen Kaisers!

Mochte Deutschland Anfang des 20. Jahrhunderts auf eine großartige industrielle wirtschaftliche Entwicklung im Laufe des vergangenen halben Jahrhunderts zurückgeblickt haben, war die Nummer eins aber immer noch England. Die deutschen Exporte und Importe machten Anfang 1914 ungefähr

Georg V., König von England
(1865–1936)

17

75 Prozent des englischen Handels aus, und es war der eitle (und nicht realisierte) Plan des Großadmirals Alfred von Tirpitz (1849– 1930), die deutsche Flotte möge zwei Drittel der Stärke der britischen Flotte erreichen.

Russland

Russland schloss sich 1907 dem englisch-französischen Bündnis, nämlich der Entente, an. Die Idee des Panslawismus – alle Slawen unter dem Zepter des Zaren – und die Idee des Pangermanismus waren Feuer und Wasser. In Russland lebten deutsche Bürger, in Deutschland und erst recht in Österreich-Ungarn slawische Bürger – es konnte sich mit den beiden nationalistischen Ismen nicht gut ausgehen. Noch dazu galt Russland als Schutzmacht Serbiens … Es gab wahrscheinlich nur einen einzigen Menschen in Europa, der von einer österreichisch-deutsch-russischen Allianz träumte, aber gerade der wurde in Sarajevo erschossen: Franz Ferdinand war ein Bündnis der konservativen Mächte vorgeschwebt, eine Renaissance der Heiligen Allianz, eine Wiedergeburt der Verbindung seiner überwiegend katholischen österreichischen Monarchie (die er eh umkrempeln wollte) mit dem orthodoxen Russland und dem evangelischen Deutschland.

Zar aller Reußen war Nikolaus II. (1868–1918) oder, um ganz genau zu sein: *Kaiser (und Selbstherrscher) aller Russen, über Moskau, Kiew, Wladimir und Nowgorod; Zar von Kasan, Zar von Astrachan, Zar von Polen, Zar von Sibirien, Zar des Taurischen Chersones (Krim) und Zar von Georgien, Herrscher über Pleskau und Großfürst von Smolensk, Litauen, Wolhynien, Podolien und Finnland, Fürst von Estland, Livland, Kurland und Semgalien, von Samogytien, Biatystok, Karelien, Twer, Jugra, Perm,*

Wjatka, Bulgarien und anderen Ländern;
Herrscher und Großfürst des „Tieflandes"
von Nowgorod, von Tschernigow, Rjasan,
Polozk, Rostow, Jaroslawl, Belosersk, Udo-
rien, Obdorien, Kondien, Witebsk, Mstislawl
und Gebieter über alle nördlichen Länder
und Herrscher über die Iberischen, Karta-
linischen und Kabardinischen Lande und
das Armenische Gebiet, Erbherrscher und
Gebieter über die Tscherkessischen, Gori-
schen und anderen Fürsten, Herrscher
über Turkestan, Erbe des Königreichs
Norwegen, Herzog von Schleswig-Hol-

Nikolaus II., Zar von Russland
(1868–1918)

stein, Stormarn, Dithmarschen und Oldenburg usw. – immerhin
841 Schriftzeichen (Franz Joseph brachte es nur auf 750).

Mit 13 Jahren wurde Nikolaus II. Zeuge der Ermordung seines
Großvaters, Alexanders II. (1818–1881). Absolutes Novum für
einen Herrscher: Er absolvierte ein Jusstudium! Als Außenpoliti-
ker war er sanft, friedfertig, aber wehe, seine Untertanen wollten
mehr Freiheit, mehr Rechte, mehr Brot! Dann reagierte er als absoluter Autokrat, vergossenes Blut störte ihn nicht. Er selbst war
zwar kein Enkel Victorias, aber seine Gattin (Alice von Hes-
sen-Darmstadt, 1872–1918) war deren Enkelin. Stand Nikolaus II.
unter dem Pantoffel seiner deutschen Ehefrau? Die Zarin stand auf
jeden Fall unter dem Einfluss des deutschfreundlichen „Wunder-
mönches" und Heilkünstlers/Kurpfuschers Rasputin (1869–1916).

Wollen wir auf jeden Fall feststellen: Die drei Monarchen
Georgie in London, Nicky in St. Petersburg und Willy in Berlin
gehörten zu einer Großfamilie.

Rumänien

Auch Rumänien sollten wir nicht außer Acht lassen! Es war 1883 dem Dreibund beigetreten, aber im Laufe der Jahrzehnte driftete die öffentliche Meinung in Richtung Entente ab, galt ja Ungarn als Hauptfeind: Man wollte die rumänisch besiedelten Gebiete Ungarns haben (und dazu ein bisschen nicht-rumänisch besiedelte auch noch). Hier, in Rumänien, wurde Franz Ferdinand tatsächlich beweint, wollte er ja die Monarchie reformieren und den Einfluss Ungarns halbieren (dritteln?).

Nach Kriegsausbruch verhielt sich das Land neutral. Im rumänischen Kronrat gab es nur eine einzige Stimme für den Kriegseintritt gegen Serbien – die Mehrheit lehnte ihn ab. Begründung: Wien hatte Rumänien vorher nicht konsultiert. Und Kriegseintritt auf der Seite Serbiens? Der König, Karl I. (1839–1914), selbst ein deutscher Fürst, erklärte klipp und klar: Solange ich König bin, wird Rumänien niemals gegen Österreich ins Feld ziehen. Aber er starb bald nach Kriegsbeginn, sein Neffe und Erbe, König Ferdinand I. (1865–1927), war eben weniger deutschfreundlich und beendete die rumänische Neutralität 1916 mit der Kriegserklärung an Österreich-Ungarn. Der frankophile Ministerpräsident Brătianu bestellte bereits 1914 neue Kanonen für einen eventuellen Krieg gegen Deutschland (geliefert wurden diese Kanonen übrigens von Krupp …).

Österreicher, Ungarn, Serben
Ursprung und Entwicklung des gegenseitigen Hasses

Im Jahre 1804 brach der erste serbische Aufstand gegen die Osmanenherrschaft aus. Der Führer der Aufständischen, Kara Georg (der *Schwarze Georg*; 1762–1817), suchte Unterstützung bei einer starken christlichen Großmacht und wandte sich hoffnungsvoll an Wien, hatte er doch im Türkenkrieg 1788 freiwillig auf Österreichs Seite gekämpft:

„Die ganze serbische Nation wünscht unter die Herrschaft des österreichischen Erzhauses zu kommen und von dem ungerechten und willkürlichen Regiment der Pforte befreit zu werden. Ich biete im Namen meines Volkes Eurer Majestät die Festungen Belgrad, Schabatz und Semendria nebst der ganzen Provinz Serbien an, für welches wir einen kaiserlichen Prinzen als Statthalter erbitten. Sollte der Kaiser als Nachbar des Großherrn zur natürlichen Besitznahme nicht geneigt sein, so werden wir uns an eine andere Macht wenden, um endlich das christliche Volk der türkischen Sklaverei zu entreißen."

Es folgte der vielleicht folgenschwerste Fehler der österreichischen Diplomatie: Erstens war man damals mit dem Sultan recht gut befreundet, zweitens vertrat man in Wien elf Jahre nach der Enthauptung der Marie Antoinette die Meinung, ein Untertan solle nicht rebellieren, sondern brav den Mund halten – kurz und bündig: ABGELEHNT!

Daraufhin wandten sich die Serben eben an eine andere christliche Großmacht – und so entstand die heute noch existente russisch-serbische Freundschaft. (Sie legte nur einmal eine kurze

Pause ein: zwischen 1948 und 1953, als der jugoslawische Präsident Tito es wagte, gegen den Halbgott der kommunistischen Welt, nämlich gegen Stalin, eine eigene Meinung zu vertreten.)

1848 brach in Ungarn die Revolution gegen die Herrschaft der Habsburger aus, die unter der ungarischen Krone lebenden Serben sympathisierten aber eher mit Wien als mit den Ungarn. Da aber die serbischen *Aufständischen* nicht nur gegen die ungarischen *Revolutionäre* kämpften (ein komischer Satz! die Aufständischen gegen die Revolutionäre …), sondern auch die Zivilbevölkerung malträtierten, entstand der antiserbische Hass auf ungarischer Seite. Und General Damjanich János (Jovan Damjanić), ein gebürtiger Serbe, der für Ungarn kämpfte und als Rebell 1849 hingerichtet wurde, gilt für serbische Nationalisten heute noch als Vaterlandsverräter.

Begann also jetzt die große Freundschaft zwischen Wien und Belgrad? Es wäre fast logisch gewesen.

Nein, nein!

Fürst (ab 1882: König) Milan (1854–1901) aus der Dynastie der Obrenović kam mit den Russen nicht gut aus, forcierte die Freundschaft mit Wien, verbrachte dementsprechend viel Zeit im Hotel Sacher, war der Dolce Vita nicht abgeneigt, schloss mit Franz Joseph ein für Serbien ungemein ungünstiges Geheimabkommen – und wurde davongejagt. Er starb in seinem Wiener Exil. Die in seinem Heimatland gegen ihn entstandene Antipathie galt natürlich auch der k.u.k. Monarchie. Milans Sohn und Nachfolger, der ebenfalls österreichfreundliche Aleksander (1876–1903), heiratete morganatisch, die Verwandten seiner Gattin bekleideten bald die besten Posten. 1903 wurde er samt Ehegattin ermordet, das Haus Obrenović starb aus, die stark nationalistische, österreichfeindliche Familic Karađorđević (die Nachkommen des *Schwarzen Georg*, siehe 1804) übernahm die Macht, und der wichtigste Vertreter des großserbischen Gedankens, Nikola Pašić (1845–1926), kehrte aus dem Exil nach Belgrad zurück.

Die gutnachbarlichen Beziehungen zwischen der k.u.k. Monarchie und Serbien steuerten dem Nullpunkt zu. Und dann brach der „Schweinekrieg" aus ...

Nein, nein, da haben natürlich keine Schweine gekämpft: 1906 führte Österreich-Ungarn neue Zollvorschriften ein, die für die serbischen Bauern und die serbischen Fleischexporteure verheerend gewesen waren. Serbien kam zwar mit einem blauen Auge davon, aber aus Aversion wurde purer Hass.

Diesen Hass vertrat in erster Linie der Geheimbund *Ujedinjenje ili Smrt* (= *Vereinigung oder Tod*), kürzer: *Crna ruka,* die *Schwarze Hand.* Das Ziel der *Schwarzen Hand*: Zerschlagung des habsburgischen Reiches und Gründung eines einheitlichen südslawischen Staates unter dem Zepter des Hauses Karađorđević.

Hass ist meistens nicht einseitig, sondern gegenseitig: Gleichzeitig predigte in Wien Franz Conrad von Hötzendorf (1852–1925), Chef des k.u.k. Generalstabes, den Präventivkrieg gegen Serbien und Serbiens Vernichtung.

Hatten die Serben in der österreichisch-ungarischen Monarchie jene politische Vertretung, die ihrer Stärke entsprochen hätte? Diese Frage muss leider verneint werden. Im ungarischen Abgeordnetenhaus hatte eine serbische Partei nach den Wahlen von 1906 vier Mandate von 413, nach dem Urnengang 1910 kein einziges Mandat. Allerdings machten die Serben zirka 2,5 Prozent der Bevölkerung aus, das heißt, zehn Sitze im Parlament wären adäquat gewesen. Ein allgemeines, direktes, geheimes und gleiches Wahlrecht gab es in Ungarn nicht.

In der österreichischen Reichshälfte wurde dieses allgemeine, direkte, geheime und gleiche Wahlrecht für Männer 1907 eingeführt, die adäquate oder nicht adäquate Vertretung der Serben lässt sich allerdings nicht feststellen, da die nationale Statistik die Kroaten und die Serben – unverständlicherweise – als eine Gruppe betrachtete. Die beiden machten 1910 2,8 Prozent der Bevölkerung aus, die meisten davon waren sicher Kroaten, aber eine genaue Aufschlüsselung ist leider nicht möglich. Serbische Mandatare im Abgeordnetenhaus nach den Wahlen 1911 gab es drei (von 516).

1908 annektierte Österreich-Ungarn Bosnien-Herzegowina (bereits 1878 okkupiert) – nun, das war für das serbische Nationalgefühl eine sehr schmerzhafte Ohrfeige. Nicht nur Serbien fühlte sich beleidigt, auch Russland. Die Welt stand am Rande eines Weltkrieges – der aber doch nicht ausbrach. Er brach auch 1912/1913 nicht aus, obwohl die beiden Balkankriege sehr leicht zu einem weltweiten Großbrand hätten werden können.

In diesen zwei Kriegen blieb die k.u.k. Monarchie zwar neutral, aber ihre Sympathien gehörten der Türkei und Bulgarien, also den Verlierern. Trotzdem war 1912 das Jahr des letzten großen Erfolges der k.u.k. Diplomatie: der Gründung eines unabhängigen albanischen Staates. Serbien hatte gehofft, im Laufe des ersten Balkankrieges den Zugang zur Adria zu bekommen – durch die Gründung Albaniens wurde daraus nichts. Die serbische Zeitung „Piemont" kommentierte diese Tatsache am 8. Oktober 1913: „Den Schmerz, der an diesem Tage dem serbischen Volke zugefügt wurde, wird das serbische Volk noch durch Jahrzehnte fühlen. … Das Volk legt das Gelübde ab, Rache zu üben, um durch einen heroischen Schritt zur Freiheit zu gelangen. Serbische Soldaten … legen heute das Gelübde ab, dass sie gegen die ‚zweite Türkei' ebenso vorgehen werden, wie sie … gegen die Balkan-Türkei vorgegangen sind. … Der Tag der Rache naht. Eine Türkei verschwand. Der gute serbische Gott wird geben, dass auch die ‚zweite Türkei' verschwindet."

In diesen Jahren begann eine gewaltfreie panslawische Bewegung und eine absolut unfriedliche serbische Terrorwelle.

Die panslawische Agitation beschäftigte die seit Metternichs Zeiten bestgeschulte österreichische Polizei schon in ihren Anfangsphasen. Erst recht, wenn ab und zu etwas Unfreundliches oder Unfriedliches hineinrutschte: Österreich-Ungarn möge nach dem Tode des greisen Kaisers aufgeteilt werden – verkündete ein russischer Journalist in der „Nowoje Wremja". Solche Artikel ließen Blutdruck und Puls der zuständigen Polizeibeamten in die Höhe schnellen.

Und was soll das bitte heißen: Slawenkongress 1907 in St. Petersburg! 1908 in Prag! Hauptredner, Hauptperson war ein Abgeordneter des österreichischen Reichsrates, der mit einer Russin verheiratete Karel Kramář (1860–1937). Er verkündete seine neue, *neoslawische* Linie: Zusammenschluss aller Slawen auf demokratischer Grundlage. Einfach wär's nicht gewesen: Die Polen und die Russen hätten ihre traditionelle Feindschaft vergessen müssen, und der Zar war auch nicht für seine Vorliebe für demokratische Aktionen berühmt. Aber diese Ideen wären eindeutig auf Kosten der territorialen Integrität der k.u.k. Monarchie gegangen. Die Polizeiagenten spitzten zuerst die Ohren, nachher die Bleistifte, und die Polizei-Notiz des Dr. Klíma berichtete vom frennetischen (sic!) Applaus nach Kramářs Rede. Im Nordosten Ungarns, in der Karpato-Ukraine, wetterte Pater Alexius Kaba-lak gegen die Einführung des gregorianischen Kalenders; dies wäre ein Mittel, mit dem die Magyaren und die Juden das russi-sche Volk Ungarns vernichten wollten. Lassen Sie uns hinzufü-gen: Eine russische Minderheit gab es in Ungarn nicht! Es gab allerdings eine ruthenische (ukrainische) Minorität – ihre Gleich-setzung mit den Russen zeigt eindeutig großrussisches Gedanken-gut.

Es blieb allerdings nicht immer bei verbalen Angriffen:

Am 15. Juni 1910 verübte ein serbischer Student aus der Her-zegowina, Bogdan Zerajić, ein Attentat auf den Landeschef[3], Baron Marijan Varešanin (1847–1917). Genauer ausgedrückt: Er wollte ein Attentat verüben. Fünfmal schoss er auf sein im Auto vorbeifahrendes präsumtives Opfer, traf aber kein einziges Mal. Mit der sechsten Kugel beging Zerajić an Ort und Stelle Selbst-mord (gespenstische Ähnlichkeiten mit dem vier Jahre und 13 Tage später fast an derselben Stelle verübten „erfolgreichen" Attentat auf Franz Ferdinand und Sophie: Zerajić wurde Princips Vorbild und Idol, Princip dürfte allerdings mehr Zeit mit Schieß-übungen verbracht haben).

Am 8. Juni 1912 versuchte Luka Jukic in Agram (Zagreb), den Banus[4] Slavko Cuvaj (Cuvaj Ede; 1851–1930) zu erschießen, traf

---

3   Für die Verwaltung von Bosnien-Herzegowina war der gemeinsame k.u.k. Finanzminister zuständig. Der zweite Mann in der bosnisch-herzegowinischen Hierarchie war der Landeschef.
4   Das Amt des *Banus* stammt aus dem Mittelalter, ein Banus stand einem *Banat* vor. Am wichtigsten: Der Banus von Kroatien-Slawonien vertrat den ungarischen König (Kroatien unterstand seit 1102 der ungarischen Krone). Ab dem ungarisch-kroatischen Ausgleich (1868) wurde der Banus zwar vom ungarischen König ernannt (auf Antrag des ungari-schen Ministerpräsidenten), war aber dem kroatischen Landtag verantwortlich. In der ungarischen Hierarchie galt er nach dem Palatin und nach dem Landesrichter als der drittwichtigste Bannerherr, er trug bei der Krönung des Königs den Reichsapfel.

ihn nicht, verletzte aber dessen Begleiter und tötete auf der Flucht einen Polizisten.

18. August 1913 – 83. Geburtstag Franz Josephs: Banus Ivan Škrlecz (Skerlecz Iván; 1873–1951) verlässt in Agram nach dem Gottesdienst die Kirche, der „amerikanische Student" Stephan Dejcic (ein in den USA lebender Kroate; auch Doičič geschrieben) schießt ihn an, verletzt ihn am Oberarm. Strafe: 16 Jahre. Eine Budapester Zeitung behauptete, der Täter wäre direkt von der serbischen Regierung, vielleicht sogar direkt vom König Peter I. angestiftet worden. Beweise dafür: 0.

Das waren nur die wichtigsten Terrorakte. Und die hohe Politik?

1914 schickte die Belgrader deutsche Gesandtschaft einen Bericht nach Berlin und erinnerte an die Annexionskrise 1908: „… war die serbische Nation damals weder militärisch noch politisch für einen Krieg vorbereitet. Es erwuchsen daher … neue Aufgaben. … Erziehung und Vorbereitung des ganzen Volkes für den ‚unvermeidlichen Krieg' gegen die österreichisch-ungarische Monarchie."

(Eine gescheite Analyse! 1908 hätte die serbische Armee gegen die k.u.k. Streitkräfte keine Chance gehabt. Von einer eventuellen russischen Unterstützung war auch nicht viel zu erhoffen: Die Armee des Zaren hatte die Niederlage gegen Japan (1905) noch nicht verdaut.)

Der k.u.k. Außenminister Graf Leopold Berchtold (1863–1942) schien sich dem Studium der großrussischen Presse gewidmet zu haben und informierte den kgl. ung. Ministerpräsidenten,

K.u.k. Außenminister Graf Leopold Berchtold (1863–1942)

den Grafen Stephan (István) Tisza (1861–1918), am 3. Februar 1914, die „Prikarpatskija Rus" hätte verkündet „ … jene Idee zu verwirklichen, dass das souveräne Russland und das unterjochte Russland lebende Glieder desselben russischen Organs sind."

Am 21. Februar 1914 fand in Russland eine internationale Konferenz statt. Thema: Bosporus und die Dardanellen! Ein uralter Zankapfel. Der

Kgl. ung. Ministerpräsident Istvàn Tisza (1861–1918)

russische Außenminister Sergej Dmitrijewitsch Sasonow (1860–1927) erklärte klipp und klar: Sollte es wegen Konstantinopel zum Krieg kommen, so sollte „Serbien seine gesamte Macht gegen Österreich-Ungarn werfen".

Und als der Besuch Franz Ferdinands in Sarajevo bekannt gegeben worden war, wandte sich eine in Chicago erscheinende serbische Zeitung an ihre Leser: „Serben, ergreift alles, was ihr könnt, Messer, Gewehre, Bomben, Dynamit, nehmt heilige Rache! Tod der Habsburgerdynastie!"

Es gab aber noch eine Warnung: Der serbische Gesandte in Wien, Jovan Jovanović, warnte den k.u.k. Finanzminister Leon Biliński (1846–1923): Beim Besuch Franz Ferdinands in Sarajevo gibt es Attentatsgefahr! Des Ministers Reaktion war kurz und bündig: „Hoffen wir, dass nichts passiert!" Damit war die Sache erledigt. Andere Warnungen wurden ebenfalls verschlampt, ignoriert. Obwohl die Wiener Behörden schon mit einem Krieg gerechnet hatten: Sie hatten bereits am 24. März 1909 ihre geheimen Ausnahmsverfügungen für den Kriegsfall ausgearbeitet und machten 1912 noch geheimer weiter. Es erschien ein Buch in deutscher Sprache „Orientierungsbehelf über Ausnahmsverfügungen für den Kriegsfall". Und das war kein schwaches Heftchen, das waren 350 Seiten! Die Übersetzer haben sich nicht besonders beeilt: Die ungarische Version erschien erst 1914.

Kurz und bündig: Die Propaganda, der Pressekrieg und auch die Gewalt gegen die k.u.k. Monarchie in den Jahren vor dem Attentat von Sarajevo waren nicht schwach.

*****

„Der Erste Weltkrieg brach wegen der Ermordung Franz Ferdinands aus!" – so hieß es, so stand es in etlichen Lehrbüchern, so hört man es meistens heute noch. Hätte aber die Kugel Gavrilo Princips den Thronfolger verfehlt, wäre der Krieg auch ausgebrochen. Zwei Wochen später, zwei Monate später – irgendwann, vielleicht aus einem nichtigen Grund, aber der beiderseits vorhandene Hass hätte früher oder später sicher zum Krieg geführt.

Wollen wir die Sache umdrehen: Wieso brach der Krieg *erst* 1914 aus? Wieso nicht früher? Es ist heute allgemein bekannt, dass die k.u.k. Monarchie das 1878 okkupierte Bosnien-Herzegowina 1908 annektiert hat, dass es 1912 und 1913 zwei Balkankriege gegeben hat – es ist weitaus weniger bekannt, dass die Welt damals am Rande eines Krieges stand, dass führende Politiker, Regierungen, Generalstäbe mit einem Krieg gerechnet haben. „Der Krieg kann nur vermieden werden, wenn Österreich-Ungarn den Balkan zugunsten Russlands aufgibt", verkündete Markgraf Pallavicini, der k.u.k. Gesandte in Konstantinopel. Natürlich konnte er mit seiner fast ketzerischen Ansicht nicht reüssieren. Die führenden Politiker, erst recht die führenden Militärs beharrten auf der Position, eine Großmacht zu sein, und die Welt steuerte auf ein neues Blutvergießen zu. Nachdem der zweite Balkankrieg mit dem Vertrag von Bukarest zu Ende gegangen war, stellte Franz Joseph fest: „Der Bukarester Friede ist unhaltbar, und wir gehen einem neuen Kriege entgegen. Gebe nur Gott, dass er am Balkan lokalisiert bleibt."

Dieser Wunsch des greisen Monarchen ging nicht in Erfüllung.

Ouvertüre
Von Konopischt bis Sarajevo

Donnerstag, der 11. Juni 1914

Kaiser Wilhelm II. besuchte seinen Freund Erzherzog Franz Ferdinand im Schloss Konopischt (gehört heute zu Tschechien). In seiner Gesellschaft: Großadmiral Alfred Tirpitz. Jahrzehnte später musste der Sohn Franz Ferdinands, Maximilian Hohenberg, sinnlosen Gerüchten entgegentreten: Es wurde behauptet, des Deutschen Kaisers Besuch in Konopischt hätte der Vorbereitung des Weltkrieges gedient, gleichsam als hätte Wilhelm seinem Freund nahegelegt, sich doch endlich ermorden zu lassen, damit er, Wilhelm, seinen Krieg haben könne.

Montag, der 15. Juni 1914

Deutschland und Großbritannien unterzeichneten den Bagdadbahn-Vertrag. Um ganz genau zu sein: Der Vertrag wurde nur *paraphiert*, die spätere *Ratifizierung* wurde durch den Krieg verhindert (ad Bagdadbahn: siehe später, 30. Juni 1914).

Sonntag, der 21. Juni 1914

Eine Quizfrage: Wessen Porträt zeigt die österreichische Zwei-Euro-Münze? Es ist eine Frau – na, da kann's nur die Maria Theresia sein!

Falsch.

Es ist Bertha von Suttner (1843–1914). Die geborene Gräfin von Kinsky schrieb 1889 den Antikriegsroman „Die Waffen nieder", gründete danach eine Friedensbewegung zuerst in Österreich, dann in Deutschland, nahm 1892 beim Internationalen Friedenskongress in Bern teil, überredete ihren früheren Arbeitgeber Alfred Nobel, einen Friedenspreis zu stiften, war auch 1899 beim Friedenskongress in Den Haag dabei (initiiert von Nikolaus II. von Russland!), bekam 1905 den Friedensnobelpreis und engagierte sich auch gegen den Antisemitismus, für die Feuerbestattung und für den Tierschutz.

Am 21. Juni 1914 starb sie. Das Attentat von Sarajevo, den Zusammenbruch ihrer Gedankenwelt hat sie nicht mehr erlebt.

Mittwoch, der 24. Juni 1914

Eine unangenehme Überraschung für Wien: Der Vatikan schloss mit dem orthodoxen Königreich Serbien ein Konkordat ab. Es garantierte der römisch-katholischen Minderheit (weniger als 0,5 Prozent der Bevölkerung!) die Freiheit der Religionsausübung – aber Österreichs Patronatsrechte, als Schirmherr der römisch-katholischen Serben, wurden im Konkordat nicht erwähnt.

Freitag und Samstag, der 26. und der 27. Juni 1914

Manöver der k.u.k. Armee in Bosnien.

Chronik eines Monats

28. Juni bis 28. Juli 1914

Sonntag, der 28. Juni 1914

Ein wunderschöner, sonniger Sommertag! Schriebe ich jetzt einen Roman, müsste ich wohl auch den blauen Himmel, das Vogelgezwitscher und die angenehm duftenden Blumen erwähnen. Aber es ist kein Roman, es möge also kurz und bündig festgestellt werden, dass an diesem Tag 238.000 Menschen auf die Welt gekommen sein sollen – ein winziger Prozentsatz wird heute noch am Leben sein. Sonstige Nachrichten? Bei griechisch-türkischen Zusammenstößen floss – wie immer – viel Blut, in Norwegen tobte die Öffentlichkeit, da Russland eine Expeditionsflotte auf Spitzbergen geschickt hatte. Was würden die wohl dort tun? In den nördlichen Gefilden Irlands tobten die Protestanten: Die Londoner Regierung komme den Katholiken viel zu sehr entgegen! In Albanien tobte ein Aufstand gegen den Fürsten Wilhelm Friedrich. In Wien tobte ein Bildhauer, nämlich der Herr Gurschner, weil die Polizei ihm verboten hatte, Freiwillige für den Kampf in Albanien anzuwerben. Belgische Sportsfreunde tobten vor Freude in Le Havre: Ihr Landsmann Philippe Thys gewann die erste Etappe der Tour de France. Am meisten tobten in Wien die Rapid-Anhänger, da ihre Lieblingsmannschaft in der letzten Runde der Meisterschaft von Simmering mit 2:1 bezwungen worden war – also wurde der WAF österreichischer Fußballmeister. Und niemand tobte bei der Kieler Regatta: Deutsche und englische Wassersportler bekämpften einander in bester Freundschaft. Von Feindschaft, von Chauvinismus keine Spur! Sogar Wilhelm II. nahm an diesem Wettbewerb teil.

Wilhelms angeheirateter Cousin, Zar Nikolaus II., befand sich ebenfalls auf einem Schiff: Er besichtigte in Gesellschaft seiner Gattin und seiner Töchter ein vor St. Petersburg ankerndes britisches Kriegsschiff, ließ sich zwei Stunden lang durch das Schiff führen, inspizierte sogar den Maschinenraum und stellte fachkundige Fragen (falls er auch fachunkundige Fragen gestellt hat, so wurden diese in den damaligen Berichten ignoriert).

Die angenehmste Tätigkeit entfaltete an diesem Tag Deutschlands Außenminister, Herr Gottlieb von Jagow[5] (1863–1935): Er genoss am Vierwaldstätter See seine Hochzeitsreise. Und der Chef des Großen Generalstabes von Deutschland, Helmuth von Moltke d. J. (1848–1916), traf zwecks Kur in Karlsbad ein. Wer war noch auf Kur? König Peter I. von Serbien! In seiner Abwesenheit übte Kronprinz Alexander (1888–1934) die königlichen Rechte aus. Franz Joseph befand sich bereits im romantischen Bad Ischl im Salzkammergut, er war dort schon am Vortag angekommen, und wer's nicht glaubt, schaue in der französischen Presse nach: „Le Figaro" informierte darüber seine Leserschaft.

So, und jetzt widmen wir uns endlich der Frage: Was machte Franz Ferdinand in Sarajevo? Warum war die Attentatsgefahr so akut?

Zwei Tage lang (26. und 27. Juni) beobachtete der Thronfolger die Manöver seiner heiß geliebten k.u.k. Armee – und war sehr zufrieden. Da muss aber wirklich alles geklappt haben, der Erz-

---

5 Der offizielle Titel lautete allerdings *Staatssekretär im Auswärtigen Amt*. Weil's kürzer ist, bleibt der Autor bei der Bezeichnung *Außenminister*.

Franz Ferdinand und seine Gattin Sophie bei ihrer Ankunft in Sarajevo

herzog war bekanntlich nicht einfach zufriedenzustellen. Und am 28. Juni sollte er in der bosnischen Hauptstadt feierlich begrüßt werden: ein Wunschtraum für Franz Ferdinand, ein Alptraum für die Serben.

Die morganatische Ehe Franz Ferdinands wurde bereits erwähnt. Seine Gattin wurde vom Hof niemals akzeptiert, bei offiziellen Anlässen musste sie als Aschenbrödel versteckt werden. Franz Joseph hatte sogar die drei Kinder des Ehepaares total ignoriert: Er hatte sie nie besucht, er hatte die Kinder nie zu sich gelassen.

Jetzt aber, in Sarajevo, hatte Franz Ferdinand die Gelegenheit, seine geliebte Gattin Sophie an seiner Seite zu haben. Die ganze Stadt sollte nicht nur ihm huldigen, sondern auch ihr.

Der 28. Juni[6] (der Vidovdan = der Veitstag) war aber ein Schicksalstag für die Serben. An diesem Tag kämpften sie 1389 bei Kosovo Polje (Amselfeld) erfolglos gegen die Türken. Erfolgreich war nur der junge Serbe Miloš Obilić, der nach der verlorenen Schlacht den siegreichen Sultan Murad erstochen hat. Ein offizieller Besuch des Thronfolgers, eine habsburgische Machtdemonstration mitten im serbisch bewohnten Sarajevo an diesem Tag war für serbische Patrioten, Nationalisten eine unglaubliche Provokation. Für die radikalen Serben war Franz Ferdinand der Hauptfeind: Mit seinen Reformideen wollte er den Slawen der Monarchie „entgegenkommen". Wenn es aber den Slawen in der Monarchie besser ging, pfiffen sie auf die panserbischen oder panslawischen Ideen. Also: Weg mit ihm!

Dragutin Dimitrijević (1876–1917; Spitzname: *Apis* – der Stier in der altägyptischen Götterwelt), Chef des militärischen Geheimdienstes Serbiens – und daneben Chef des Geheimbundes *Schwarze Hand* –, organisierte das Attentat[7] perfekt, außerdem versicherte er sich außenpolitisch: „Bevor ich den endgültigen Entschluss fasste, dass das Attentat verübt werden sollte, holte ich von Oberst Artamanow ein Gutachten ein, was Russland tun würde, falls Österreich Serbien angriffe.

Dragutin Dimitrijević
(1876–1917) um 1900

---

6 Bis zum heutigen Tage ist der 28. Juni ein Schicksalstag der serbischen Geschichte. 1878: Anerkennung der Selbständigkeit Serbiens beim Berliner Kongress. 1881: Geheimvertrag zwischen Serbien und Österreich-Ungarn. 1914: Attentat auf Franz Ferdinand. 1919: internationale Bestätigung des neuen SHS (serbisch-kroatisch-slowenischen) Staates (hieß seit 1929 offiziell Jugoslawien). 1921: Neue Verfassung für das SHS-Königreich. 1948: Bannstrahl Stalins gegen die jugoslawischen Kommunisten. 1989: Milosević-Rede anlässlich des 500. Jahrestages der Schlacht am Amselfeld mit äußerst militanten Parolen. 2001: Auslieferung Milosević' an das internationale Gericht in Den Haag.

7 Auf die Beschreibung des Attentates möge hier verzichtet werden: Sie ist in etlichen Büchern verewigt, außerdem im Heeresgeschichtlichen Museum in Wien sowie im Schloss Artstetten bestens dokumentiert.

Artamanow antwortete mir, dass Russland uns nicht im Stiche lassen würde."

Artamanow war übrigens der russische Militärattaché in Belgrad. Vorsichtigerweise erwähnte Dimitrijević kein Wort vom Attentatsplan, bevor er Artamanow fragte.

Das Thronfolgerpaar war bereits um 11 Uhr vormittags tot. In einigen Stunden kam die Nachricht nach Wien, bald danach nach Bad Ischl, wo Franz Joseph nicht nur diesen Sommer verbrachte. Kennen Sie Bad Ischl? Nein? Dann haben Sie wirklich etwas

Franz Ferdinand und Sophie auf dem Weg zum Rathaus

versäumt! Ein traditionsreicher Kurort im Salzkammergut, einst Lieblingsaufenthaltsort des Adels, des reichen Bürgertums, der Künstler – Brahms, Walzerkönig Strauß, Mahler, Lehár gehörten früher zu seinen Gästen.

Generaladjutant Graf Eduard von Paar (1837–1919) hatte die undankbare Aufgabe, dem Kaiser und König den Tod von dessen Neffen mitzuteilen. Einem 84 Jahre alten Menschen, der schon unglaubliche Schicksalsschläge erlitten hatte! Seine kleine Tochter war im Alter von zwei Jahren gestorben, sein Bruder Maximilian, Kaiser von Mexiko, war standrechtlich erschossen worden, sein Sohn hatte den Selbstmord gewählt, seine Gattin war erstochen worden! Niemand beneidete den Grafen Paar ob dieser Aufgabe.

Die Reaktion des Kaisers hat aber Paar mehr als überrascht: „Entsetzlich! Der Allmächtige läßt sich nicht herausfordern! Eine höhere Macht hat jene Ordnung wiederhergestellt, die ich nicht aufrechterhalten konnte." Übersetzung in ein heutiges Deutsch: Ich, Franz Joseph, konnte nicht verhindern, dass mein Neffe mit seiner nicht standesgemäßen Gattin Thronfolger werden sollte – aber eine höhere Macht schuf eben Ordnung!

Niemand war sonst bei dieser Stellungnahme anwesend, aber Graf Paar gilt als absolut zuverlässiger, korrekter Zeuge. Einen kürzeren Kommentar findet man im Tagebuch der Marie Valerie (1868–1924). Die Tochter des Kaisers schrieb: „Die ganze Sache war für Papa eher Aufregung, aber kein Schmerz."

Und es war auch kein Schmerz für das Publikum des Praters und Grinzings[8] in Wien! Die Betriebe sperrten nicht zu[9] und waren genauso gut besucht wie immer (die Theater mussten allerdings zusperren), es war auch kein Trauertag in Ungarn, eher ein Tag der Freude: Der gefährliche Reformwütige, der die Rechte Ungarns einschränken wollte, war weg! Lesen Sie den „Radetzkymarsch" Josef Roths – alles wunderschön geschildert. Nachgeweint haben dem Thronfolger die Rumänen der Monarchie, auch die Böhmen oder teilweise die Kroaten: Die Reformhoffnung war weg! Außerdem haben natürlich drei minderjährige Kinder geweint: die Kinder des Thronfolgerpaares (die einige Tage nach der Ermordung ihrer Eltern doch von Franz Joseph empfangen werden sollten). Wer übrigens den Kindern in einer wirklich menschlichen Form ein Beileidtelegramm geschickt hat, werden Sie nie erraten: Kaiser Wilhelm II.

---

8   Prater = Vergnügungspark in Wien. Grinzing = die berühmteste Weingegend Wiens.
9   Aber in Serbien verbat Innenminister Protić jegliche Art von Musik, Unterhaltung, Vergnügen in der Öffentlichkeit.

Montag, der 29. Juni 1914

Wenn auch nicht die ganze Welt, blickte zumindest Europa gebannt nach Sarajevo, nach Wien: Wie konnte das geschehen? Was wird jetzt passieren?

Die nach Sarajevo gerichteten Blicke konnten weiteres Blutvergießen erkennen: Serbische Schulen, Vereinslokale, Geschäfte und Hotels wurden von Kroaten und Moslems angegriffen, gestürmt, devastiert. Angriffe auf serbische Wohnungen waren seltener, gemäßigten Demonstranten gelang es meistens, die weniger gemäßigten einzubremsen (ob diese Pressemeldung hundertprozentig richtig gewesen ist? – wollen wir's hoffen!). Es gab aber auch Sympathiekundgebungen für die Attentäter (den Hauptagitator hatte die Polizei bald abgeführt). Verwundete gab es auf beiden Seiten, die „Neue Freie Presse" stellte am nächsten Tage fest: Es gab zwar kein serbisches Todesopfer,

Sarajevo am Tag nach dem Attentat

aber ein Katholik und ein Moslem waren getötet worden. Ärgere Unruhen wurden durch die Einführung des Standrechtes verhindert. In Mostar demonstrierten kaisertreue Katholiken und Moslems gegen die Serben.

Untersuchungsrichter Leon Pfeffer, ein Kroate, widmete sich an diesem Tag einer wichtigen Aufgabe: dem Verhör der sechs festgenommenen Attentäter. Die Aufgabe war zeitraubend: Unzählige Menschen mussten in den nächsten Wochen verhört werden. Gleichzeitig war Pfeffers Arbeit aber insofern einfach, als die Beschuldigten alles stolz zugaben. Princip erklärte, er wollte Franz Ferdinand, diesen Feind der Serben, töten. Er wollte auch den im Auto neben Franz Ferdinand sitzenden Landeschef Potiorek umbringen, verfehlte ihn aber leider, und die Kugel traf Sophie, die Gattin Franz Ferdinands. Dass er eine Frau ermordet hatte, tat ihm sichtlich leid. In Princips Wohnung fand man bei der Hausdurchsuchung 2.000 Kronen (heutiger Kaufwert zirka 10.000 Euro). Angesichts dieses Fundes war es logisch, dass Princip Unterstützer gehabt hatte. Er gab auch seine wichtigsten Hintermänner an, nämlich zwei Serben: den Major Tankošić und den Eisenbahnbeamten Ciganović[10]. Landeschef Potiorek schrieb noch am selben Tag einen Brief an seinen Vorgesetzten, Biliński: „Der Angeklagte Čabrinović gab zu, in Belgrad ausgebildet und vorbereitet worden zu sein." Der letzte Satz des Briefes klang wie eine Siegesmeldung: „In diesem Moment erfahre ich, dass auch Princip das Einvernehmen mit Čabrinović eingestanden hat."

*****

---

10 Tankosić fiel im Weltkrieg an der Front, Ciganović verbrachte die Kriegsjahre in den USA, kehrte nachher in seine Heimat zurück, bekam von der Regierung ein kleines Häuschen und starb eines natürlichen Todes.

Die Attentäter in Polizei-Gewahrsam

In der Bundeshauptsta …, pardon, damals natürlich in der Reichs-
haupt- und Residenzstadt Wien wartete eine große Menschen-
menge am Bahnhof Penzing auf einen Sonderzug, um den Kaiser
zu begrüßen. An der Spitze der Wartenden: der neue Thronfolger,
der spätere Kaiser Karl I. (1887–1922). Franz Joseph hatte Bad
Ischl um 5:45 Uhr mit der Bahn verlassen (er war immer ein
Frühaufsteher), der Zug kam um 11:05 Uhr an, der Monarch fuhr
sofort nach Schönbrunn weiter.

Noch jemand kam an diesem 29. Juni nach Wien: Tisza! Nämlich Graf István Tisza (1861–1918), der ungarische Ministerpräsident. Seine politischen Gespräche sollten erst am nächsten Tag
beginnen.

41

Ging der englische Gentleman an diesem Tag in seinen Klub, um sich klischeemäßig dem Whisky- und Zigarrengenuss zu widmen, und nahm er nachher auch noch seine Lieblingszeitung, nämlich „The Times", in die Hand, so fand er auf der ersten Seite – traditionsgemäß – unzählige Geburten, Eheschließungen und Todesfälle aufgelistet. Nachher folgten die Inserate, auf der dritten Seite konnte er bereits einen hochinteressanten Artikel lesen: „Hunde in Hotels". Die nächsten paar Seiten brachten die traurige Nachricht, die Londoner Tramway hätte ein Defizit von 88.000 Pfund pro Jahr (2013: 12 oder 13 Millionen Euro). Endlich, auf der siebten Seite, folgte die Außenpolitik unter dem Titel „Die österreichische Tragödie". Fast drei Seiten über das Haus Habsburg, über Franz Ferdinand, über den Ablauf des Attentates, alles korrekt, objektiv beschrieben. Kommentare fehlten natürlich auch nicht: „Es besteht die Gefahr, dass die südslawischen Bestrebungen zu einer Explosion führen werden. Und was das österreichische Problem betrifft: Deutsche Interessen werden künftig hin mehr Beachtung finden." Ja, ja, Österreich-Ungarn war für das Inselreich kein Problem, keine Konkurrenz, Deutschland schon. Und wenn die Möglichkeit/ Gefahr bestand, dass dessen Interessen mehr Beachtung finden würden, dann musste vorher schon gewarnt werden …

*****

Georg V. ordnete in London Hoftrauer auf die Dauer einer Woche an. Das Entsetzen in der englischen Hauptstadt war besonders stark, weil Franz Ferdinand und Sophie erst im November 1913 dem britischen König einen Besuch abgestattet hatten. „You know, I really like the Archduke", soll Georg V. verkündet haben. („Wissen Sie, ich habe den Erzherzog wirklich gern.")

Die k.u.k. Botschaften und Gesandtschaften bekamen Kondolenzbesuche en gros. Der längste Kondolenzbesuch fand in London statt: Georg V. kam persönlich, um dem österreichisch-ungarischen Botschafter, dem Grafen Mensdorff-Pouilly, sein Beileid auszudrücken. Der royale Besuch dauerte 45 Minuten. König Peter I. von Serbien drückte auch sein Beileid aus. Und Papst Pius X. sagte einen Empfang für rund 10.000 Menschen ab.

Ganz formlos, aber umso wichtiger war ein Gespräch der zwei größten Kriegsfreunde in Wien: Der Chef des k.u.k. Generalstabes, Franz Conrad von Hötzendorf, besuchte den k.u.k. Außenminister, den Grafen von Berchtold. In seinen Erinnerungen beschrieb er dieses Treffen: „Graf Berchtold bemerkte, dass Kaiser Wilhelm zum Leichenbegängnis kommen würde. ... Ich erwiderte, dass dies gewiss erwünscht sei, ... es sich aber um ein Attentat gegen die Monarchie handle, dem ein *sofortiger* Schritt folgen müsse. Meiner Ansicht nach bestünde er in der Mobilisierung gegen Serbien. ... Die Moslems und die Kroaten sind gegen die Serben. Russland gegenüber müsste man das Antimonarchische der Mordtat hervorheben."

Franz Conrad von Hötzendorf
(1852–1925)

Wollen wir uns zwei Wörtern aus diesen Erinnerungen widmen: *Mobilisierung* und *das Antimonarchische*.

Warum galt die Mobilisierung nach Conrads Ansichten als *sofortiger* Schritt gegen Serbien? Man stelle sich vor, eine komplette Armee wird mobilisiert und steht kampfbereit an der Grenze eines potenziellen Feindstaates, sie signalisiert ihren Kriegs-

43

willen! Ein Gefühl für das Nachbarland wie eine Pistole zwei Zentimeter vor der Stirn einer Einzelperson. „Ein Mobilisierer ist automatisch der Angreifer!", stellte Generalmajor Boisdeffre (1839–1919) in Frankreich in seiner Studie bereits 1892 fest. Ähnliche Ansichten vertrat 1914 Moltke in Berlin. Aber es gab auch andere Meinungen, insbesondere 1914 in Frankreich: Sowohl Staatspräsident Poincaré als auch Ministerpräsident Viviani (1863–1925) meinten, eine Mobilisierung müsse nicht unbedingt zum Krieg führen – und sie hatten Recht! Auch die Schweiz mobilisierte ihre Armee im Krisensommer 1914 – und blieb trotzdem neutral. Auch Franz Joseph mobilisierte seine k.u.k. Streitkräfte 1908 – und es brach trotzdem kein Krieg aus. Trotz all dieser Einwände: Eine Mobilisierung galt als absolut aggressiver Akt.

Und was bedeutete *das Antimonarchische*?

Für Monarchisten, erst recht für Monarchen, galt der Königsmord als das verabscheuungswürdigste Verbrechen überhaupt. Ein König, ein Kaiser regiert von Gottes Gnaden – einen Herrscher zu töten oder auch einen Thronfolger zu töten, war eine deutlich ärgere Untat als die Ermordung eines „Durchschnittsmenschen". Conrad operierte mit der Idee, den Mord von Sarajevo als *Königsmord* in alle Gehirne einzuhämmern. Es war ja unmöglich, dass der russische Zar oder der britische König oder sonst ein Monarch sich auf die Seite der Königsmörder stellte! Das war die Hoffnung Conrads von Hötzendorf, und das war die allgemeine Hoffnung in Wien und in Budapest. Aber Conrads Kalkulation schlug fehl!

Von diesem Treffen Conrads mit Berchtold erfuhren die Zeitungsleser zwischen Bodensee und Siebenbürgen so gut wie nichts. Berchtolds Informationsbereitschaft war minimal, die Zeitungen bekamen äußerst dürftiges Material, Interviews wie heute gab's noch nicht. Und so war die Öffentlichkeit auch nicht besonders aufgeregt. *Es wird schon nix passieren!* Herr Schebeko, Russlands Botschafter in Wien, analysierte die Lage in einem Telegramm messerscharf: „Das tragische Ende des Erzherzogs Franz Ferdinand erregte nur ein schwaches Echo in den hiesigen Finanzkreisen und an der Börse, diesem Stimmungsbarometer der Geschäftswelt. Die Kurse der staatlichen Papiere änderten sich nicht, was hier als Zeichen des Vertrauens auf die Erhaltung des Friedens gedeutet wird."

Also: alles in Ordnung.

Wirklich?

Dienstag, der 30. Juni 1914

Es schien sich wirklich alles beruhigt zu haben. Die Wiener Theater spielten wieder, noch dazu recht lustige Stücke wie z. B. „Die spanische Fliege". (Kleiner pharmakologischer Hinweis: Die zerriebene spanische Fliege galt Generationen lang als das Potenzmittel schlechthin.)

Doch so ruhig war doch nicht alles: Im kroatischen Landtag wurden die Redner der serbischen Minderheit niedergebrüllt, die Serben wurden beschimpft, und es gab parlamentsunwürdige Tumulte nicht nur in Agram (= Zagreb) – die slawisch-germanischen Raufereien fanden an diesem Tag auch in Schlesien zwischen Deutschen und Polen statt.

*****

Gute Nachrichten aus London: Lobeshymnen des Ministerpräsidenten Asquith (1852–1928) auf Franz Ferdinand, auch auf Franz Joseph und dessen Staat – und natürlich auf die guten Beziehungen zwischen seinem Königreich und Österreich-Ungarn. Und die „Times" teilte mit: „... der bosnische Mord zeigte wieder einmal ... das tiefe Gefühl des Volkes für den Monarchen." In

derselben Ausgabe liest man auch die – angeblich – letzten Worte des Thronfolgers: „Sophie, du musst für unsere Kinder weiterleben." Als Quelle gibt die „Times" Herrn Vancas, den Vizebürgermeister Sarajevos, an. In etlichen Büchern liest man, die Mitteilung stamme vom Grafen Harrach. Trockene Realisten mit medizinischen Kenntnissen meinen, dass der schwer verletzte Thronfolger absolut unfähig gewesen sein muss, irgendetwas zu sagen.

Herbert Henry Asquith (1852–1928),
Ministerpräsident von England

*****

Trotz spanischer Fliege, trotz Asquith-Elogen: Am blauen Friedenshimmel erschienen die ersten Wolken. Um 13:00 Uhr musste Berchtold in Schönbrunn beim Kaiser erscheinen. Er wurde ersucht, mit Tisza zu reden. Dies tat er noch am selben Tag – und siehe da: Der ungarische Ministerpräsident war gegen einen Krieg! Daraufhin musste Tisza ebenfalls in Schönbrunn bei Franz Joseph erscheinen – und er blieb auch hier bei seinem Standpunkt: kein Krieg!

Warum war Tisza wohl gegen den Krieg? War er ein Weichling, ein linkslinker Pazifist, ein Liberaler? Nun, er galt (mit Recht!) als Vertreter einer harten Linie, als hundertprozentiger

Machtmensch, Vertreter der Interessen des ungarischen Hochadels, und das hieß: Nur keine Reformen, nur nichts ändern am 1867er-Abkommen mit Österreich – sonst könnten die nationalen Minderheiten in Ungarn mehr Rechte bekommen, sie könnten die Führungsrolle der ungarischen Aristokratie gefährden, und das kam nicht in Frage. Etliche Zeitgenossen, politische Beobachter sahen in Tisza den mächtigsten Politiker der Doppelmonarchie.

Nein, Tisza hatte keinen Schwächeanfall! Er wollte auf Nummer sicher gehen, er hatte Angst, dass Rumänien den Krieg gegen Serbien ausnützen würde, um Ungarn anzugreifen. Tiszas Standpunkt: Krieg nur, wenn Rumäniens Neutralität garantiert ist und wenn Bulgarien gegen Serbien in den Krieg eintritt.

*****

Am selben Tag begann auch Deutschland in all diesen Friedens- oder Kriegsdebatten eine führende Rolle zu spielen. Heinrich von Tschirschky, der deutsche Botschafter in Wien, drahtete an seinen Reichskanzler Bethmann Hollweg (1856–1921): „Ich benütze jeden … Anlaß, um ruhig, aber sehr nachdrücklich und ernst vor übereilten Schritten zu warnen." Unverständlicherweise brauchte diese Nachricht zwei Tage, um nach Berlin zu gelangen. Die Freude des Adressaten war mäßig. Voll Empörung schrieb Bethmann Hollweg seine Randnotizen aufs Telegramm: „… wer hat ihn dazu ermächtigt? das ist sehr dumm! geht ihn gar nichts an, da es lediglich Österreichs Sache ist. … Mit den Serben muss aufgeräumt werden, und zwar bald."

Preisfrage: Warum war der deutsche Regierungschef so kämpferisch? Wieso störten ihn die Serben?

1911 hatten Deutschland und Russland den bereits erwähnten Bagdadbahn-Vertrag unterzeichnet. Der Bau dieser Eisenbahnlinie zwischen Istanbul und Bagdad war nicht nur eine technische Meisterleistung: Er war für Deutschland auch wirtschaftlich ungemein wichtig, sollte doch diese Verbindung den Zugang zu den persischen Ölquellen erleichtern. Außerdem waren deutsche Firmen beim Bau beschäftigt; deutsche Banken und Investoren spielten bei der Finanzierung eine wichtige Rolle. Optimisten träumten bereits von einer Verlängerung der Bahn: Berlin–Istanbul–Bagdad! Und jetzt verstehen wir sofort, warum Deutschland nach dem Attentat von Sarajevo so eindeutig für einen harten Kurs Serbien gegenüber aufgetreten ist: Der Weg zu dieser Bahnlinie führte über die Balkan-Halbinsel. Der Balkan unter österreichfeindlichem, also auch deutschfeindlichem Einfluss wäre für Berlin untragbar gewesen!

Spürte Tschirschky in Wien, dass sich etwas zusammenbraute, so war Sir Arthur Nicolson, Unterstaatssekretär in London, derselben Meinung und telegrafierte seinem Botschafter, Sir George Buchanan, nach St. Petersburg: „Die Tragödie … wird … wie ich hoffe, nicht zu weiteren Verwicklungen führen."

Das geheimnisvollste Zitat an diesem Tag stammt aus Belgrad. Ein nicht bekannter (oder namentlich nicht genannter) Major besuchte den Unterrichtsminister Ljubomir Jovanović in dessen Büro und stellte großspurig fest: „Wenn Österreich-Ungarn uns den Krieg erklären will – na gut, es soll sein!"

Kannte er irgendwelche russischen Unterstützungsverpflichtungen oder Hilfsversprechen für den Fall des Falles? Keine Ahnung! Wahrscheinlich war es irgendein Wichtigmacher.

*****

Die Ausschreitungen am Vortag inspirierten Biliński zu einem interessanten Brief an Potiorek mit folgender Textstelle: „… wie betrübend jene Exzesse sein mögen, welche seitens der moslemischen und kroatischen Bevölkerung gestern an der serbischen verübt wurden."

Mittwoch, der 1. Juli 1914

Die erfreulichste Nachricht: Im achten Bezirk Wiens wurde ein neues Realgymnasium für Mädchen eröffnet. Der Autor versteht zwar nicht, wieso eine Schule gerade mitten im Sommer, während der Schulferien, eröffnet wurde – egal! Sagen wir: Das Realgymnasium wurde installiert, etabliert, um die Backfischköpfe in einigen Monaten mit Newtons und Keplers Gesetzen bekannt zu machen. Und falls Sie der jungen Generation angehören und das Wort *Backfisch* nicht kennen: Mädchen im Mittelschulalter hießen so vor der obligatorischen Einführung des Wortes *Teenager*.

*****

Das Attentat schlug noch immer hohe Wellen. Ein Wiener Hilfsarbeiter sprang in den Donaukanal, konnte aber gerettet werden. Grund seines Selbstmordversuches: der Schmerz ob des Doppelmordes von Sarajevo.

Was tat sich im Blätterwald? Die serbische Presse wetterte gegen die österreichischen Behörden, dass diese die antiserbischen Aktionen zu lax bekämpft hätten: „Durch den bestochenen Pöbel soll die Ausrottung der Serben betrieben werden." Die „Politika" in Belgrad griff die jüdische Presse in Wien an, da diese bereits eine halbe Stunde nach dem Attentat (!) über aus Serbien stammende Bomben und Geldmittel geschrieben hatte.

Die französische Presse wiederum vermutete, Wien würde das Attentat ausnützen, um gegen Serbien vorzugehen – drahtete Botschafter Szécsen aus Paris nach Wien.

Die „Neue Freie Presse" in Wien prophezeite ein Zusammentreffen der Könige Serbiens, Rumäniens und Griechenlands, um totales Einverständnis zu demonstrieren (daraus wurde nichts). Außerdem veröffentlichte sie eine Erklärung Tiszas, die in einer russischen Zeitung erschienen war: Er – nämlich Tisza – sei ein überzeugter Anhänger guter Beziehungen der k.u.k. Monarchie mit Russland, handle es sich doch um zwei friedliebende Staaten, die es als ihre Hauptaufgabe betrachteten, die Ruhe in Europa zu sichern. Leider bestehe in der öffentlichen Meinung Österreichs eine Strömung, die entgegengesetzte Ansichten zeige. Und was den Balkan betreffe: Der sei für die Balkanstaaten da, Österreich-Ungarn störe diese Staaten nicht.

Da glaubt man gar nicht, dass bald nach diesen Schalmeienklängen ein Krieg ausbrach …

Donnerstag, der 2. Juli 1914

Die Demonstrationen bei der serbischen Gesandtschaft in Wien hörten nicht auf. Es soll sogar eine serbische Fahne verbrannt worden sein. Die Polizeidirektion stellte fest, dass es keine Fahne, sondern nur ein Taschentuch gewesen war, außerdem sei die Sicherheit des Gesandtschaftsgebäudes garantiert gewesen – aus, basta!

Sonstige Demonstrationen, Volksbewegungen? Erfolgreiche Bewegungen? Die gab es. Den Arbeitern der österreichischen Tabakregie gelang es, eine Lohnerhöhung zu erkämpfen. Ihr Anfangsgehalt stieg von 11,50 K bis 21,60 K die Woche um zirka zwei Kronen. Multiplizieren wir mit fünf[11] – Wochenlohn ungefähr ein Hunderter in Euro; zum Sterben zu viel, zum Leben zu wenig. Sonstige soziale Großtaten: Die Wartezeit, um Invaliditäts- oder sonstige Pensionen zu bekommen, wurde von zehn Jahren Versicherungsdauer auf fünf Jahre gesenkt.

Weitere Meldungen grenzen ans Fantastische. Ein handgeschriebener, anonymer russischer Brief wurde im Wiener Haus-, Hof- und Staatsarchiv ins Deutsche übersetzt: „Es ist nutzlos, nach mir zu forschen (*sonst droht wahrscheinlich Sibirien – Kommentar des Autors*). Ich und noch drei Leute widersetzten uns energisch der Ermordung der Gemahlin des Thronfolgers ... Es wurde das Loos (sic!) gezogen, welches Čabrinović traf, das zweite traf Gavrilo Princip ... Wir brachen mit den Genossen alle Verbindungen ab, reisten ... ab und beschlossen, uns für das unschuldige Blut der Herzogin zu rächen ... An der Spitze des Komplotts steht der serbische Thronfolger Prinz Alexander ... Hütet den Kaiser und den Erzherzog Karl ...!"

Prinzregent (später König) Alexander I. (1888–1934)

Ob und wie die Verschwörer die umgebrachte Gemahlin des Thronfolgers rächen wollten, ist schleierhaft. Fast gleichzeitig trafen weitere Meldungen ein: Fünfzig Serben sollen als Türken gekleidet nach Sarajevo unterwegs sein, um das Gefängnis in die Luft zu jagen, damit die Festgenommenen keine Geheimnisse preisgeben können.

---

11 Nach dem offiziellen Umrechnungskurs der Statistik Austria kann man eine Krone des Jahres 1914 mit zirka fünf Euro anno 2013 gleichsetzen, aber die Lebenshaltungskosten waren billiger als nach diesem Umrechnungsschlüssel.

Freitag, der 3. Juli 1914

5:20 Uhr: Trotz der frühen Stunde standen Menschenmassen am Hauptbahnhof in Graz, und als der Zug mit den sterblichen Überresten der beiden Mordopfer eintraf, entblößten alle Männer ihr Haupt. Belgrad ordnete eine achttägige Hoftrauer für Franz Ferdinand und Sophie an, Franz Joseph bedankte sich für die Beileidstelegramme bei der Stadt Budapest, bei der Wiener Israelitischen Kultusgemeinde, beim Präsidium des österreichischen Abgeordnetenhauses – außerdem las er die Beileidstelegramme aus Japan, aus der Türkei, aus Persien usw. Graf Harrach, dessen Auto Franz Ferdinand in Sarajevo benützt hatte, schenkte sein Fahrzeug dem Hof (heute im Wiener Heeresgeschichtlichen Museum zu sehen) – und die Klausenburger[12] Universität tüftelte einige Sonderparagrafen aus, um die Aufnahme weiblicher Studenten zu regeln.

Samstag, der 4. Juli 1914

Plünderungen, Plünderungen, Plünderungen durch Soldaten. Zirka 200 von ihnen, deren Schuld nicht eindeutig feststand, wurden in ihre Heimatstädte gebracht. Bei der ersten Station wurde auf sie allerdings eine Salve abgegeben: 120 Tote! (Allerdings nicht in Österreich-Ungarn, sondern in China.)

Und was tat sich in k.u.k Gefilden?

Die beste Nachricht: Der 17 Jahre alte Erzherzog Albrecht legte seine Prüfungen im Theresianum mit vorzüglichem Ergebnis ab.

*****

---

12 Klausenburg, Klausenburg … wo ist denn diese Stadt? Für Ungarn handelt es sich um Kolozsvár, für Rumänen um Cluj.

Aufbahrung der Särge in der Gruft von Artstetten

Der große Tag: Die Opfer von Sarajevo sollten ihre letzte Ruhestätte finden. Im Privatschloss des verstorbenen Erzherzogs in Artstetten wartete die Gruft auf Franz Ferdinand und Sophie.

Im Nibelungengau, nicht weit von der Donau, erhebt sich Schloss Artstetten mit seinen vier grünen Zwiebeltürmen. Ende des zweiten Jahrtausends diente es als Kulisse einer Fernsehserie.

Hier, in seinem eigenen Schloss, sollte Franz Ferdinand zusammen mit seiner geliebten Gattin bestattet werden. In der traditionsreichen Kaisergruft in Wien hätte seine Ehefrau (die „morganatische") nicht beerdigt werden können, Fürst Montenuovo, der Obersthofmeister, der fanatische Hüter des Protokolls, der Etikettvorschriften, hatte sich durchgesetzt: Dass die Ehefrau nicht standesgemäß gewesen war, musste auch nach ihrem Tode der ganzen Welt gezeigt werden. Um aber ewig neben seiner geliebten Sophie zu liegen, hatte der Thronfolger testamentarisch erklärt: gemeinsame Beisetzung in Artstetten!

Wer war denn dieser oberste Hüter der Vorschriften der Hierarchie? Wer war dieser Montenuovo?

Sie werden staunen – ein Cousin zweiten Grades von Franz Ferdinand! Und das sieht dann so aus:

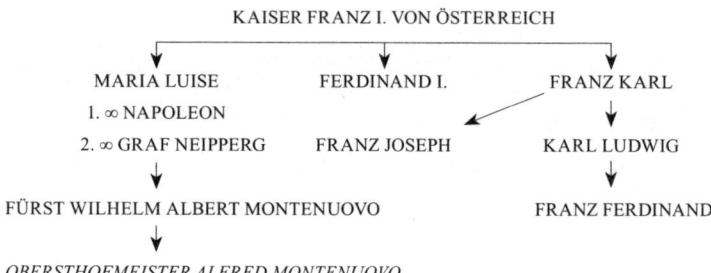

Eindeutiger Fall: Sowohl der Thronfolger als auch der Obersthofmeister waren Urenkel des Kaisers Franz. Wie das? Im Juli 1809 feuerten Napoleons Kanoniere erfolgreich ihre Kanonen ab, demzufolge feierte Napoleon seinen großen Sieg bei Wagram, im Dezember feuerte er seine Gattin, Josephine. Er suchte eine noblere (und gebärfähige!) Partnerin und entschied sich für die Habsburgerin Maria Luise.

Nach Napoleons Tod heiratete die Witwe den Grafen von Neipperg. Eine nicht standesgemäße Ehe ersten Ranges! Die Tochter des Kaisers von Österreich und ein einfacher Graf.

Allerdings: Es *musste* geheiratet werden.

Also: Gute Miene zum bösen Spiel, und man gebe dem Grafen wenigstens einen Fürstentitel. Und weil *Neipperg* so ähnlich klingt wie *Neu Berg,* italianisierte man den Namen, und so wurden aus den Grafen von *Neipperg* die Fürsten von *Montenuovo.*

Unser Obersthofmeister des Jahres 1914 war also selbst ein

„Opfer" einer nicht standesgemäßen Verbindung: Anstatt Mitglied des Kaiserhauses zu sein, war er ein Untertan. Zwar ein hochgestellter, aber doch ein Untertan. Ob diese Tatsache bei ihm zu psychischen Problemen geführt hat, mögen die Fachleute entscheiden. Auf jeden Fall wachte er jahrelang mit Argusaugen, dass der Gattin des Thronfolgers nicht zu viel Ehre erwiesen würde.

Was das Begräbnis betrifft, wachte er zu erfolgreich. Der britische Thronfolger, der Prinz von Wales, der 1936 als Kurzzeitkönig Edward VIII. in die Geschichte eingehen sollte, wollte zum Begräbnis kommen.

Ebenfalls angemeldet: der mächtige Großfürst Nikolaj Nikolajewitsch aus St. Petersburg.

Aus Berlin wollte der Kaiser anreisen – Wilhelm II.!

Nach Montenuovos Ansicht wäre das für die ehemalige Hofdame Sophie von Chotek zu viel der Ehre gewesen. Mit allen Mitteln der Diplomatie lud er die angesagten Gäste aus. Der englische Thronfolger, der russische Großfürst und der gute Freund des Verstorbenen, Wilhelm II., blieben zu Hause.

Wären sie nach Österreich gekommen, hätten sie sich vielleicht verständigen können. Hätte der Krieg verhindert werden können?

„Hätte", „wäre" und „würde" gibt es bekanntlich nicht in der Geschichte. Es gibt nur Fakten. Auf jeden Fall wurde eine Gelegenheit versäumt.

Also: Beisetzung in Artstetten. Ohne eine angemessene Beteiligung ausländischer Potentaten, ohne militärische Pracht, Prunk und Pomp – hat niemand in der Monarchie dagegen protestiert? Doch. Interessanterweise kam der energischste Protest aus dem ungarischen Parlament: Graf Albert Apponyi (1846–1933), der die antiungarischen Reformideen Franz Ferdinands tausendprozentig abgelehnt hatte, bekrittelte in seiner Interpellation die Maßnahmen Montenuovos.

Übrigens: Hätte es in Sarajevo ähnliche Sicherheitsmaßnahmen gegeben wie bei der Beisetzung in Artstetten, dann wäre nichts passiert. Friedliche Anrainer, die sich nicht legitimieren konnten, wurden am Tag des Begräbnisses festgenommen, ein englischer Pressemann ebenfalls.

Am Ballhausplatz[13] in Wien traf ein Telegramm aus Paris ein: Botschafter Szécsen teilte mit, Staatspräsident Poincaré meine, es sei die Pflicht der serbischen Behörden, bei der Untersuchung des Doppelmordes das größte Entgegenkommen zu zeigen.

*****

Berchtold und Conrad von Hötzendorf predigten weiterhin die schnelle Abrechnung mit Serbien, aber einen gewichtigen Kriegsbremser gab es noch immer in der Monarchie: Tisza! Er zückte die Feder und schrieb dem k.u.k. Kriegsminister Alexander von Krobatin (1849–1933): „Es wäre aber ein arger Fehler … über das Ziel zu schießen … das Übel vergrößern, das In- und Ausland beunruhigen. … Genehmigen etc."

Dieser Brief traf den Leser dieser Zeilen wie eine Keule! Nicht der Inhalt, nein. Aber in jener Zeit, als jeder Brief mindestens mit „Genehmigen Eure Exzellenz den Ausdruck meiner aufrichtigsten Hochachtung" geendet hat (Grußformel eventuell auch dreimal so lang), ein Schreiben mit „Genehmigen etc." zu beenden – das war fast eine diplomatisch-stilistische Revolution, und diese Revolutionierung der Korrespondenz kam bei Tisza des Öfteren vor.

---

13 Sitz des k.u.k. Außenministeriums (heute: Bundeskanzleramt).

Sonntag, der 5. Juli 1914

Obwohl Wochenende: Es begann sich etwas zu tun, und zwar im Sinne einer härteren Linie. Graf Hoyos, Kabinettschef im k.u.k. Außenministerium, hatte am 3. Juli die Weisung bekommen, nach Berlin zu fahren, um dem bequem gewordenen Botschafter Szőgyény einige Weisungen zu geben: Er solle seine deutschen Diplomatenkollegen dringend ersuchen, Rumänien aufzufordern, es möge sich an seine Bündnisverpflichtungen erinnern, anstatt mit Serbien zu kokettieren. Außerdem mögen die lieben deutschen Freunde Bulgarien an den Dreibund binden.

Warum konnte Österreich-Ungarn diese Aufgaben nicht selbst übernehmen? Warum bedurfte es der deutschen Vermittlung? Ganz einfach: Es gab keine deutsch-rumänische Grenze, aber es gab eine recht lange ungarisch-rumänische Grenze, es gab auch eine kurze österreichisch-rumänische Grenze. Es gab rumänische Minderheiten in Österreich und erst recht in Ungarn. Fazit: Deutschlands Kontakte waren unbelastet, die der k.u.k. Monarchie aber nicht.

Deutschland brauchte übrigens keine Aufforderung, keine Anstiftung aus Wien: Die harte Linie des Generalstabes begann sich durchzusetzen, und Wilhelm II. teilte dessen Ansichten.

Hoyos kam am 5. Juli in aller Herrgottsfrühe mit der Bahn in Berlin an, tat wie ihm geheißen, traf sogar Wilhelm II. und informierte ihn über die Stimmung in Wien. Er verschwieg ihm allerdings, dass Tisza gegen einen Krieg eingestellt war.

Botschafter Szőgyény in Berlin nahm sich die Hoyos'schen Weisungen zu Herzen und begab sich zu einem Déjeuner bei Wilhelm II. (das althochdeutsche Wort „Déjeuner" kann man im Neuhochdeutschen mit „Brunch" übersetzen). Der Kaiser war zuerst vorsichtig, nach dem Mittagessen allerdings erklärte er, Österreich-Ungarn im Falle des Falles beizustehen.

Diese Unterstützungserklärung des Hohenzollernkaisers wurde und wird oft als „Carte blanche" oder „Blankoscheck" bezeichnet: Deutschland erklärte, Österreich-Ungarn zu helfen, was auch immer geschehen möge.

Stimmt nicht! Der Blankoscheck war nicht hundertprozentig „blanko", der große Bruder im Norden legte nämlich Wert darauf, bei jedem Schritt Wiens vorher informiert zu werden.

Nachher trommelte Wilhelm II. seine wichtigsten Leute zusammen, allerdings ohne Jagow (noch immer auf Hochzeitsreise) und ohne Moltke (noch immer auf Kur). Der kleine Kreis strahlte Optimismus aus: Was auch immer zwischen Wien und Belgrad passiere, Russland und Frankreich würden sicher nicht intervenieren.

Es ist heute kaum fassbar, dass in dieser Krisensituation zwei der wichtigsten Persönlichkeiten Deutschlands noch immer nicht nach Berlin zurückgekehrt waren. Ganz im Gegenteil: Moltke bekam im schönen Karlsbad sogar einen Brief vom preußischen Kriegsminister, Erich von Falkenhayn: „Ew. Exz. Badeaufenthalt wird also kaum eine Abkürzung zu erfahren brauchen." Wahrscheinlich rechnete Falkenhayn nicht mit einem Krieg, er bezweifelte nämlich die Kriegsbereitschaft Österreich-Ungarns.

Des Karlsbader Kurgastes Wiener Kollege, Conrad von Hötzendorf, wurde an diesem Tag von Franz Joseph in Audienz empfangen. „Ist die deutsche Unterstützung sicher?", fragte der Kaiser. Conrad antwortete mit einer Gegenfrage (was bei kaiserlichen Audienzen sicher wider die allgemeinen Hofsitten war): Wenn ja, gehen wir dann in den Krieg gegen Serbien?

Franz Joseph bejahte.

Der Würfel war gefallen.

Und während Wilhelm II. in Deutschland, Conrad von Hötzendorf in Österreich Weltpolitik betrieben, widmeten sich etliche Wiener den alten politischen Problemen: Im dritten Bezirk hielten sowohl Deutschnationale als auch Tschechischnationale ihre Kundgebungen ab. Dem starken Polizeiaufgebot gelang es, Raufereien zu verhindern.

Kein Polizeiaufgebot war in Klagenfurt notwendig: Die Schneidergehilfen beendeten sang- und klanglos ihren Streik.

Montag, der 6. Juli 1914

Fangen wir mit jenem Thema an, mit dem wir den 5. Juli beendet haben: mit dem nationalen Problem. Diesmal kam es zu Streitereien und Raufereien zwischen deutschen und polnischen Demonstranten in Lemberg und in Przemyśl – das nationale Problem gärte auch ohne den Doppelmord von Sarajevo!

Apropos Doppelmord: Untersuchungsrichter Pfeffer war in der vergangenen Woche nicht untätig gewesen! Verhört wurden zirka 500 Personen, zehn von ihnen blieben in Haft, darunter fünf Priester. Presseberichte über die Untersuchungen wurden verboten, und nach dem Motto „Sicher ist sicher" wurden alle Blätter in Sarajevo konfisziert.

*****

Fürst Karl Max von Lichnowsky, Deutschlands Botschafter in London, unternahm an diesem Tag einen privaten Besuch. Oder, wenn man's genauer haben will: Er besuchte – ohne Auftrag aus dem fernen Berlin! – den britischen Außenminister,

Karl Max Fürst von Lichnowsky
(1860–1928)

59

Sir Edward Grey (1862–1933), und fand ihn äußerst besorgt: Hat Österreich-Ungarn vor, serbische Gebiete zu annektieren oder zu okkupieren?

Ob der deutsche Diplomat den englischen Minister beruhigen konnte, wissen wir nicht. Fraglich ist, ob er Sir Edward Grey überhaupt beruhigen *wollte*. Lichnowskys Anglophilie war allgemein bekannt, er sympathisierte eher mit London als mit dem k.u.k. Verbündeten. Grey kannte er gut, die beiden hatten in den Jahren davor diverse Probleme (Portugal, Angola, Vorderasien) zu zweit bestens gelöst.

Ob Lichnowsky mit Wilhelm II. tatsächlich per Du gewesen ist, wie man es manchmal lesen kann, ist weniger wichtig; wichtig ist, dass hier ein neues Thema angesprochen wurde: eventuelle territoriale Forderungen Österreich-Ungarns auf Kosten Serbiens.

Gab es diese Forderungen, oder gab es sie nicht?

Jein.

Es gab sicherlich führende Persönlichkeiten in Wien (weniger in Budapest), die mit der Eroberung großer Teile Serbiens spielten. Das kleine Montenegro könnte man auch mitnehmen, Albanien zu einem Protektorat machen …

Aber diese Pläne waren niemals offizielle Ziele Österreich-Ungarns (wahrscheinlich zum größten Leidwesen Conrads von Hötzendorf, der schon immer der Vater dieser Pläne gewesen war). Krobatins Träumereien (siehe Fußnote 15 auf Seite 64) gehören eindeutig ins Reich der Skurrilitäten.

*****

Wilhelm II. begab sich an diesem Tag wieder nach Kiel, allerdings nicht nur, um dem Wassersport zu huldigen: Er führte

Gespräche mit dem ungekrönten König der Waffenfabrikanten, nämlich mit Krupp.

Worüber?

Wer weiß? Sie dürfen Ihrer Fantasie freien Lauf lassen …

Dienstag, der 7. Juli 1914

Kabinettchef Hoyos kehrte aus Berlin zurück, teilte seinem Chef, Außenminister Berchtold, die Unterstützungswilligkeit Deutschlands mit. Diese Nachricht wirkte auf den Außenminister wie Spinat auf Popeye, in ihm erwachte ein antiserbischer Löwe – und endlich trat an diesem Tag auf dem Ballhausplatz der Gemeinsame Ministerrat zusammen. Beginn am späten Vormittag, um 11:30 Uhr. Ende um 6:00 Uhr Nachmittag, natürlich mit einer kurzen Unterbrechung.

Es mag überraschend wirken, dass dieses wichtigste Gremium der alten Monarchie erst neun Tage (!) nach dem verhängnisvollen Doppelmord zusammengetreten ist. Manche Kommentatoren meinen, Berchtold wollte auf Nummer sicher gehen und wartete, bis Hoyos aus Berlin zurückkehrte: Welche Nachrichten bringt er?

Nun, er brachte die besten (nämlich die besten für Berchtold).

Blick zurück: Der Gemeinsame Ministerrat bestand aus den beiden Ministerpräsidenten (Österreich: Stürgkh, Ungarn: Tisza) und aus den drei gemeinsamen k.u.k. Ministern (Finanzen, Krieg, Äußeres – das waren im Juli 1914 Biliński, Krobatin, Berchtold). Sie betraten das fast zwei Jahrhunderte alte Gebäude gegenüber der Hofburg, das bereits Kaunitz, Metternich, Andrássy als Büro gedient hatte und in dessen Räumen auch später noch Geschichte gemacht werden sollte.

Berchtold präsidierte. Wäre der Kaiser und König dabei gewesen, könnten wir vom *Kronrat* reden. Aber Franz Joseph verließ Wien am selben Tag und bestellte Berchtold für den nächsten Tag nach Bad Ischl, damit er ihm Bericht erstatten möge! Im Zeitalter der ständigen Meetings, Brainstormings, Workshops, Teach-ins, Sit-ins fast eine unglaubliche Vorgangsweise, aber Franz Joseph regierte lieber so. (Wahrscheinlich wäre es ihm zu sehr auf die Nerven gegangen, wenn bei einer Sitzung zwei oder drei Teilnehmer gegen seine Ansichten gewesen wären.)

Also: In Abwesenheit des Monarchen führte Berchtold die Sitzung. Er teilte Hoyos' Nachricht mit: Deutschland ist mit uns. Heureka!

Es war auch klar, dass ein Waffengang gegen Serbien den Krieg mit Russland zur Folge haben könnte. Russland wollte eine Koalition der Balkanstaaten zusammenzimmern und diese gegen Österreich-Ungarn aufhetzen.

In dieselbe Richtung gingen einige Fragen, die an den als Gast anwesenden Conrad von Hötzendorf gestellt wurden, z. B. wo man den Kampf gegen Russland aufnehmen würde?[14]

Hier muss der Autor aufschreien! Alle später erfolgten Kommentare, Reden, Artikel, Briefe, Telegramme, dass die Lage eh nicht so gefährlich sei, dass Russland sich vielleicht doch nicht einmischen würde, verloren damit automatisch ihre Existenzberechtigung. Der k.u.k. Außenminister rechnete mit einer russischen Intervention im Falle eines Krieges gegen Serbien! Mit dem Chef des k.u.k. Generalstabes wurden schon praktische Fragen besprochen! Alle, die jetzt noch von einer isolierten Polizeiaktion gegen Belgrad träumten, waren eben Träumer …

---

14 Conrads Reaktionen kennen wir nicht. Er legte Wert darauf, dass seine Antworten, die ja militärische Geheimnisse beinhalteten, nicht protokolliert werden sollten.

Tisza war ob Berchtolds Rede überhaupt nicht begeistert. „Man sollte aufpassen, da … wir in diesem Falle … in den Augen Europas einen sehr schlechten Stand hätten und auch mit großer Wahrscheinlichkeit mit der Feindschaft des ganzen Balkans – außer Bulgariens – rechnen müssten."

Ganz zahm war Tisza allerdings nicht. Man solle harte Forderungen an Serbien stellen – meinte er –, aber diese Forderungen sollten erfüllbar sein. Wenn Serbien sie erfülle, hätte man einen tollen diplomatischen Erfolg. Wenn nicht, dann solle es halt einen Krieg geben, der allerdings nicht zur Vernichtung des serbischen Staates führen solle. Ein paar kleine Stücke könne man dem serbischen Staatsgebiet zwar entreißen, aber eine Vernichtung Serbiens würde Russland niemals akzeptieren.

Bald landete Tisza bei seinem Lieblingsthema: Rumänien. Dort sei die Agitation gegen die Monarchie immer ärger, ein Kriegseintritt der Bukarester Regierung sei ein möglicher, ein logischer Schritt.

Daran wollte Berchtold wiederum nicht glauben. Und was die diplomatischen Schritte gegen Serbien betraf: Sie waren niemals erfolgreich! Da wären härtere Bandagen notwendig gewesen!

Nebst Berchtold und Tisza beteiligten sich ab und zu auch die anderen an der Diskussion. Karl Stürgkh (1859–1916) sprach sich für den Krieg aus: Graf Tisza solle … in Erwägung ziehen, dass Österreich-Ungarn durch eine Politik des Zauderns und der Schwäche Gefahr laufe, der rückhaltlosen Unterstützung des deutschen Reiches … nicht mehr so sicher zu sein. Und was macht man nach dem gewonnenen Krieg? Man solle das serbische Königshaus in die Wüste schicken, irgendein thronloses, aber regierwilliges Mitglied einer europäischen Dynastie suchen und es auf den Belgrader Thron setzen – meinte Stürgkh.

Leon Biliński, der Hüter der k.u.k. Finanzen und als oberster Verwalter Bosniens Experte der dortigen Volksstimmung, dozierte: „Dort erzählt man sich allgemein im Volke, dass König Peter kommen und das Land befreien werde. … Der Serbe ist nur der Gewalt zugänglich."

Krobatin, als Kriegsminister natürlich Militärfachmann, stellte sogar fest, der Krieg möge so schnell wie möglich beginnen, da die Kräfteverhältnisse sich immer mehr zugunsten von Serbien verschöben (das dürfte er richtig eingeschätzt haben). Er verwies auf Beispiele aus der damaligen jüngsten Vergangenheit: Sowohl der russisch-japanische Krieg (1905) als auch die beiden Balkankriege hätten ohne Kriegserklärung begonnen – also nur nicht zögern, nur nicht zaudern, sondern sofort mobilisieren! Außerdem könne ein Zaudern als Schwäche aufgefasst werden.[15]

Der langen Rede kurzer Sinn: Es stand 4:1. Nur Tisza war der Meinung, dass auch diplomatische Erfolge einen Sinn hätten; er war auch der Einzige, der von den irren Kosten eines Krieges sprach, der sogar das mit Sicherheit eintretende Elend der Zivilbevölkerung erwähnte. Und Krobatins unmissverständliche Anspielungen, ein Krieg könne auch ohne Kriegserklärung begonnen werden, wies er schärfstens zurück. Er verbuchte sogar einen grandiosen Scheinerfolg. Sein Antrag wurde ohne Gegen-

---

15 Ein 1916er-Zitat Krobatins wirkt heute durch seinen totalen Realitätsmangel fast komisch: *„Wenn Serbien nicht von der Landkarte gestrichen wird, ist die Monarchie in 10 bis 20 Jahren in einer ähnlichen Situation wie 1914. Serbien ist nicht mit Belgien zu vergleichen, es ist ein armseliges Land, seiner Auffassung nach müsste der ganze noch zurückbleibende Teil Serbiens an Ungarn geschlagen und in 4 Komitate geteilt werden. Die eineinhalb Millionen Serben, um die es sich handelt, könnten einem so lebenskräftigen Staatswesen wie Ungarn unmöglich gefährlich werden."*

stimmen angenommen: Serbien gehöre verkleinert, nicht aber vernichtet. Und der Fahrplan lautete: 1. Konkrete Forderungen an die serbische Regierung. Wenn Serbien negativ reagiert, 2. Mobilisierung. 3. Ultimatum.

War Tisza der Sieger dieses Tages? Sein Antrag war ja angenommen worden! Ja, formell hatte er sich durchgesetzt – aber inhaltlich näherte er sich der Kriegspartei an. Die Atmosphäre in dieser Sitzung (und auch im Land) war kriegerisch: Der vorsichtige Tisza stand knapp vor dem Umkippen.

Berchtold durfte sich nachher dem Kofferpacken widmen, um am nächsten Tag in Bad Ischl dem Kaiser und König zu berichten. Der Ischler Aufenthalt Franz Josephs hatte übrigens auch eine kleine Bedeutung: Er galt als Friedenszeichen! Wenn der Monarch nicht in der Hauptstadt ist, kann's nicht so arg zugehen.

Kaiservilla in Bad Ischl

Um diese Friedensstimmung zu unterstreichen, gingen Krobatin und Conrad von Hötzendorf nach der Sitzung ebenfalls auf Urlaub. Sie dürften den russischen Botschafter mit der Urlaubssehnsucht angesteckt haben: Herr Schebeko entschied sich auch für das Dolcefarniente. Und sogar Wilhelm II. begann in Kiel eine Nordlandreise.

Mit einer lächerlichen Kleinigkeit aber gelang es in Wien, diese Friedensidylle unglaubhaft zu machen: Nach der Ministerratssitzung musste ja irgendeine Erklärung veröffentlicht werden. Und so wurde erklärt, dass die Herren sich einer Verwaltungsreform Bosniens sowie den damit zusammenhängenden Budgetfragen gewidmet hätten. Das hat natürlich keine Seele geglaubt!

*****

Tisza war bei dieser Ministerratssitzung recht aktiv gewesen und hatte die Sicherheitsmaßnahmen (beziehungsweise die nicht vorhandenen Sicherheitsmaßnahmen) in Sarajevo am Tage des Attentates hart kritisiert: „Landeschef Potiorek mag ein ausgezeichneter Soldat sein, aber die zivile Verwaltung, die Polizeiarbeit gehört nicht zu seinen Stärken. … sechs oder sieben der Polizei bekannte Gestalten … am Tage des Attentates auf der Route des ermordeten Thronfolgers mit Bomben und Revolvern bewaffnet … ohne dass die Polizei einen einzigen beobachtete oder fortschaffte." Das waren harte Bandagen, aber Finanzminister Biliński nahm Potiorek in Schutz – und zwar erfolgreich: Potioreks weiterer Karriere stand nichts im Wege. Diese Karriere endete erst im Weltkrieg – wegen militärischer Misserfolge.

Und wenn man an Misserfolge der k.u.k. Armee in der

Anfangsphase des Weltkrieges denkt, dann denkt man automatisch an den am 25. Mai 1913 in den Selbstmord geschickten Spion Alfred Redl. Es fragt sich, wie sehr der Verrat des Oberst Redl zu manch serbischen und russischen Kriegserfolgen beitrug? Wahrscheinlich sehr stark!

Spion Alfred Redl (1864–1913)

*****

Am 7. Juli waren auch die französischen Politiker fleißig. Im Parlament wurde mit 428 Stimmen gegen 106 beschlossen, einen Kredit in der Höhe von 400.000 Francs aufzunehmen[16], um einen Staatsbesuch Poincarés und Vivianis in St. Petersburg, Kopenhagen, Stockholm und Oslo zu finanzieren. Sozialistenführer Jaurès (1859–1914) dröhnte zwar mit seiner gesamten Eloquenz dagegen, hatte aber gegen die Regierungsmehrheit keine Chance.

*****

Neun Tage nach dem Doppelmord von Sarajevo fand der serbische Gesandte in Russland, Seine Exzellenz Spalajković, eine interessante Theorie über die Hintergründe des Attentates: Hinter dem Attentat stünden die katholisch-orthodoxen Gegensätze, von den Jesuiten angefacht, von Erzbischof Stadler geführt.

Und noch ein interessanter Zeitungskommentar aus Serbien („Mali Journal"): „Ein Sprössling des Mittelalters wurde dieser Tage in Sarajevo ermordet." Dazu die überraschende Pressemitteilung aus Prag: „Den linken Arm Franz Ferdinands zierte eine Tätowierung! Ein chinesischer Drache!"

---

16 2013 umgerechnet zirka zwei Millionen Euro.

Mittwoch, der 8. Juli 1914

Deutschland muss in dieser Zeit das kriegsunfähigste Land der Welt gewesen sein. Der Chef des Großen Generalstabes, General-oberst Moltke, kurte noch immer in Karlsbad, sein Stellvertreter, General von Waldersee, trat gerade den Urlaub an, der preußische Kriegsminister, General Falkenhayn, ebenfalls. Wollen wir die Flotte nicht vergessen: Großadmiral Tirpitz urlaubte auch noch immer. Wilhelm II. wollte seine Nordlandreise absagen, sein Reichskanzler Bethmann Hollweg war aber dagegen: Wenn der Kaiser seinen Urlaub abbreche, so könne dieser Schritt Unruhe hervorrufen.

Dafür stürzte sich der seit dem 6. Juli nicht mehr hochzeitsrei-sende Außenminister Jagow wieder in die Tiefen der deutschen Außenpolitik. Er hatte auch genug zu tun: Sein Wiener Botschaf-ter, Tschirschky, informierte ihn praktisch über alles, was sich in den k.u.k. Führungskreisen abspielte. Berlin war immer hundert-prozentig im Bilde!

Fleißig waren auch die serbischen Journalisten. „Piemont"[17] teilte seinen geneigten oder auch ungeneigten Lesern mit, „… dass die österreichischen Behörden in Bosnien ein Christenmas-saker vorbereiten". Ähnliche Kommentare aus dieser Zeit: „Pog-rome" gegen Serben in Bosnien, Kroatien und Dalmatien könnten die antiserbische Weltmeinung umdrehen! „Wenn Serben die Opfer von Ungerechtigkeit und Unmenschlichkeit werden sollten, dann müsste die proösterreichische Stimmung kippen" – so stand es in den Jovanović-Memoiren 1924 (siehe später).

Halt. Stopp.

---

17 Für etliche serbische Nationalisten war die italienische Einigung im 19. Jahrhundert das Idealbild einer nationalen Erhebung oder Bewegung – deshalb der italienisch anmutende Zeitungsname: „Piemont".

Wenn serbische Zeitungen glaubten, die Weltmeinung könne umgedreht werden, dann heißt das, dass die Weltmeinung noch immer vom Doppelmord geprägt war. Die Weltmeinung verurteilte das Attentat und dessen serbische Hintermänner. Selbst führende Persönlichkeiten in späteren Feindstaaten der k.u.k. Monarchie waren der Meinung, ein scharfes, aber angemessenes Vorgehen Österreich-Ungarns sei gerecht. Das war z. B. die Meinung Georg V. in London oder auch des neutralsten Machtzentrums der Welt, nämlich des Vatikans. Papst Pius X. soll ebenfalls eine harte Vorgangsweise gutgeheißen haben. Das war auch die Überzeugung in Paris und St. Petersburg: „Fest steht …, dass sowohl F r a n k r e i c h als auch R u s s l a n d das Attentat v e r u r t e i l e n und es ganz natürlich finden, dass die österreichisch-ungarische Regierung Schritte in Belgrad unternimmt, die einerseits eine Bestrafung der dort kompromittierten Persönlichkeiten, andererseits eine Vermeidung solch trauriger Vorfälle in Zukunft bezwecken", lautete eine Pressemeldung.

Friedlich äußerte sich auch Herr Vešnić, Serbiens Gesandter in Paris: „Die Serben verdammen diesen Mordanschlag! Die Serben, für die das Familienleben heilig ist, verdammen diese Zerstörung eines Familienglücks, das Unglück unschuldiger Kinder. Die Serben sind keine Feinde Österreichs, haben sie doch im Revolutionsjahr 1848 für Österreich und gegen Ungarn Partei ergriffen, es ist also in hohem Grade ungerecht, unsere Rasse … für die Bluttat verantwortlich zu machen."

Die proösterreichische Haltung der Serben anno 1848 war allerdings vorbei: Es gab Boykottaufrufe. Sie richteten sich zuerst gegen die Donau-Dampfschifffahrtsgesellschaft, aber auch gegen sonstige österreichische Firmen, Kurorte und Einzelpersonen.

Boykottaufrufe gegen deutsche Waren gab's übrigens eine Woche später in Brünn.

Die Briefträger wurden nach wie vor stark beschäftigt. Berchtold wandte sich schriftlich an Tisza: … dass man in Berlin eine Aktion der Monarchie gegen Serbien erwarte. … man halte es in Berlin für ausgeschlossen, dass Rumänien in diesem Falle gegen die Monarchie Stellung nehmen könne. Übrigens habe sich Kaiser Wilhelm auch brieflich an König Carol gewendet, und man könne sich denken, dass dieser Brief an Deutlichkeit nichts zu wünschen übrig gelassen habe.

Und Wilhelm II. erneuerte den „Blankoscheck" (siehe 5. Juli) in einem Brief an Franz Joseph: „… dass Du auch in den Stunden des Ernstes mich und mein Reich … treu an Eurer Seite finden wirst."

Donnerstag, der 9. Juli 1914

Die allgemeine Arbeitsunlust der führenden Diplomaten, Militärs und Politiker dauerte nicht ewig: Reichskanzler-Stellvertreter Delbrück beendete seinen Urlaub und kehrte auf seinen Posten in Berlin zurück. Vielleicht las er hier jenes Schreiben, das Botschafter Lichnowsky aus London dem Reichskanzler Bethmann Hollweg geschrieben hatte: Außenminister Grey hätte erklärt, er … könne nur wiederholen, dass geheime Abmachungen, … welche Großbritannien im Falle eines europäischen Krieges Verpflichtungen auferlegten, nicht bestünden. England wolle sich vollkommen freie Hand bewahren … Auf keinen Fall werde bei festländischen Verwickelungen die britische Regierung auf Seiten des Angreifenden zu finden sein.

Eine Freudenbotschaft für Deutschland und seine Freunde?

Sollte es hart auf hart gehen, brauche man vor England keine Angst zu haben? Optimistische Zeilen richtete der in Berlin tätige bayrische Geschäftsträger auch an seinen Ministerpräsidenten Hertling in München: Unterstaatssekretär Zimmermann[18] würde den gegenwärtigen Zeitpunkt für Österreich als sehr günstig ansehen … und glaube bestimmt, es würde gelingen, den Krieg zu lokalisieren. Er zweifele aber daran, dass man sich in Wien hierzu entschließen werde.

Immer stärker, immer stärker tritt die Frage in den Vordergrund: Wenn es zu einer bewaffneten Auseinandersetzung zwischen der österreichisch-ungarischen Monarchie und Serbien kommt, bleibt es bei einem lokalen Konflikt, bei dem die Welt interessiert zuschaut, oder wird dieser Konflikt sich ausbreiten? Die Anhänger der These „Es wird schon nicht so schlimm werden" dürften Anfang Juli noch die Mehrheit gehabt haben.

Noch etwas stellen wir nach Lektüre obigen Telegramms fest: Das in die k.u.k Monarchie und in deren Entschlossenheit und Stärke gesetzte Vertrauen in Deutschland war äußerst mäßig. Aber darüber später mehr.

Dabei erzielten die Kriegsfreunde zwischen Wien und Bad Ischl gerade an diesem Tag Höchstleistungen. Der aus Berlin bereits am 7. Juli zurückgekehrte Hoyos begab sich nach Bad Ischl, um dem greisen Franz Joseph Bericht zu erstatten und seine Kriegsbegeisterung zu demonstrieren. Die zwei Männer, Monarch und Untertan, waren ein Herz und eine Seele: Auch Franz Joseph wollte den Krieg!

Und was war mit dem großen Kriegsgegner in den k.u.k. Führungsgremien? Mit dem ungarischen Ministerpräsidenten Tisza?

---

18 Arthur Zimmermann (1864–1940) löste 1916 Jagow als Außenminister ab.

Der wurde bearbeitet: Sektionschef Macchio teilte ihm mit, Kaiser Franz Jos... pardon: König Ferenc József sei auf Berchtolds Seite und wolle auch eine radikale Abrechnung mit Serbien (es klingt, wie bereits erwähnt, für österreichische Ohren vielleicht komisch, aber in Ungarn war Franz Joseph nicht „der Kaiser", sondern „der König"). Der frühere und auch spätere k.u.k. Finanzminister, auch späterer Außenminister, Graf Burián (1852–1922), begann Tisza zu bearbeiten. Und beim riesigen, ehrlichen Respekt Tiszas für seinen König war es ein wichtiges Argument: Seine Majestät wollte eine radikale Lösung.

Und während Tisza nolens volens den Argumenten Buriáns lauschen musste, begann man im Wiener Außenministerium, ein Ultimatum an Serbien zu fabrizieren. Pardon: Das Wort „Ultimatum" wurde nicht verwendet. Man sprach nur von einer „Begehrnote".

Ja, wer sollte dieses ungemein wichtige Dokument formulieren? Der österreichische Gesandte, Freiherr von Musulin, leitete im Außenministerium die kirchenpolitische Abteilung – das heißt, die Serbien-Krise ging ihn überhaupt nichts an. Aber er galt als der beste Formulierer – und so bekam er die Aufgabe, diese Begehrnote zu schreiben.

Musulin und seine Chefs hatten es nicht leicht. Fakten oder Dokumente, die die Schuld der Belgrader Regierung am Attentat untermauern könnten, hatte man noch nicht. Auf jeden Fall schob man die Verantwortung in die Schuhe der Vereinigung *Narodna Odbrana* (= Volksschutz). Das war ein brutaler Fehler: Die *Narodna Odbrana* – obwohl eine nationalistische Gruppierung – hatte mit dem Doppelmord am 28. Juni nichts zu tun. Es war die *Crna ruka*, die *Schwarze Hand*!

Als Alexander Musulin mit seiner Aufgabe beschäftigt war,

dachte kein Mensch im Wiener Außenministerium daran, dass diese Begehrnote zu einem Krieg führen werde.

Wirklich nicht?

Da müssen wir jetzt höllisch aufpassen: Diese These findet sich in Musulins Memoiren. Er schrieb sie 1920 – ohne die Möglichkeit, irgendwelche Dokumente, irgendwelche schriftlichen Unterlagen als Gedächtnishilfe zu benützen. Und wenn auch die Ereignisse des Jahres 1914 nur sechs Jahre zurücklagen – wer weiß, ob alles stimmt? Musulins Memoiren sind äußerst subjektiv, dass also wirklich niemand etwas Kriegerisches ahnte, muss bezweifelt werden.

Zur Verschärfung der Gegensätze trug auch die serbische Presse bei: „Es steht ein allgemeines Massaker an Serben bevor!", reizte die „Agence des Balkans" die Nerven ihrer Leserschaft.

Freitag, der 10. Juli 1914

Graf Alexander Hartwig war der russische Gesandte in Belgrad, böse Zungen meinten, *der eigentliche Regent Serbiens.* Der Diplomat mit seinem schönen deutschen Namen gehörte zu den begeistertsten Fahnenträgern des panslawischen Gedankens. Für Franz Ferdinand und dessen Gattin vergoss er sicher keine Träne – aber diplomatische Pflichten sind eben diplomatische Pflichten. Und so begab sich Hartwig nach 9:00 Uhr am Abend ins Gebäude der k.u.k. Gesandtschaft in Belgrad, um Missverständnisse aus der Welt zu schaffen und um zu betonen, sich nach dem Attentat korrekt und pietätsvoll verhalten zu haben.

Baron Giesl, der k.u.k. Gesandte, hörte seinem russischen Kollegen zufrieden zu. Kaum wurden einige Worte gewechselt, erlitt Hartwig einen Herzanfall, dem er sofort erlag.

Die Volksseele in Belgrad kochte: „Die Österreicher haben Hartwig vergiftet!" Wenn auch die serbischen Mediziner eindeutig einen natürlichen Tod feststellten, wurde wieder einmal die These bestätigt: Mit Fakten kann man kaum gegen Gerüchte ankämpfen! Und die Budapester Zeitungsleser erfuhren, wer Hartwig gewesen war: „Russlands gewiegtester Balkandiplomat, der seine Posten mit verblüffender Gewiegtheit ausgefüllt hat … Hartwig zählte zu den verbissensten und gefährlichsten Widersachern unserer Monarchie …"

Der deutsche Außenminister Gottlieb von Jagow (1863–1935)

Hatte der russische Gesandte in Belgrad einen deutschen Namen, so hatte der deutsche Botschafter in Wien einen slawischen Namen. Und dieser Herr Tschirschky schrieb seinem Chef, Außenminister Jagow, in Berlin: „Die Formulierung geeigneter Forderungen gegenüber Serbien bildet gegenwärtig hier die Hauptsorge."

Briefe und Telegramme wurden damals nur halbseitig beschrieben. Eine Spalte blieb frei, damit der Adressat seine Notizen hinzufügen konnte. Jagows handgeschriebene Notizen waren beinhart: „Dazu haben sie Zeit genug gehabt."

Tschirschkys Bericht ging weiter: „Der Minister [nämlich Berchtold] klagte … über … Tisza. … Graf Tisza behauptet, man müsse *gentleman-like* vorgehen." Dazu wieder Jagows Kommentar: „Mördern gegenüber nach dem, was vorgefallen ist! Blödsinn!"

Inwiefern diese diplomatischen Geplänkel die Bewohner der Wachau interessiert oder aufgeregt haben, ist nicht überliefert. Sie hatten ein anderes Problem: Hochwasser!

Samstag, der 11. Juli 1914

Dieses Hochwasser erreichte auch Wien; es war für die Bewohner der donaunahen Bezirke sicher das größte Problem.

Belgrad war noch hochwasserfrei, und Belgrad feierte! Nicht den normalen Wasserstand, oh nein! König Peter I. beging einen schönen runden Geburtstag, den siebzigsten. Unter den Gratulanten: Wilhelm II. Ob der Deutsche Kaiser das Glückwunschtelegramm mit Zähneknirschen verfasste, darüber steht nichts in den Quellen. Wahrscheinlich ist das allemal!

Auf jeden Fall war diese kaiserliche Gratulationsdepesche auch ein Teil des Kaschierungsprogrammes: Politiker und Journalisten aller Welt, schaut her, es gibt überhaupt keine Probleme, es gibt keine Kriegsgefahr, da denkt der liebe Kaiser in Berlin sogar an den Geburtstag des genauso lieben Königs in Belgrad! Friede, Friede, Friede, alle Menschen werden Brüder.[19]

Friedlich war die Stimmung auch in Budapest, friedlich der Ton der ungarischen Presse. Aber der französische Generalkonsul, Monsieur d'Apchier le Maugin, ließ sich nicht täuschen und riskierte einen Blick hinter die Kulissen, wie man es in seinem Telegramm an Viviani lesen kann: „Die allgemeine Stimmung ist schlecht, man erwartet einen Krieg, es gibt schon Waffentransporte Richtung Süden, und die Börse ist auch nervös: Die Kurse der ungarischen Staatspapiere rasseln in ungeahnte Tiefen!"

*****

Die offiziellen deutsch-österreichisch-ungarischen Schalmeienklänge waren recht erfolgreich. Den urlaubenden Spitzendiplomaten schlossen sich nämlich zwei prominente Botschafter an:

---

19 *Alle Menschen werden Brüder* – schrieb Friedrich Schiller in seinem Gedicht *An die Freude*.

Herr Swerbejew, Russlands Vertreter in Deutschland, sowie Mr. Goschen, der britische Botschafter in Berlin.

Oder war's ganz anders? Das Urlaubsduo Goschen & Swerbejew legte Berlin und Wien herein, indem es so tat, als glaube es den oben erwähnten Schalmeienklängen, war aber insgeheim wachsam und der Urlaub nur reinster Schmäh?

Heute nicht mehr feststellbar.

Während aber die Serben den Geburtstag ihres Königs feierten, hatte Berchtold in Wien andere Sorgen: Wie gehen in Sarajevo die Untersuchungen weiter? Um diese brennende Frage zu klären, schickte er seinen Sektionschef Wiesner nach Sarajevo, damit dieser die Lage erkunde. Warum Berchtolds Wahl auf Wiesner fiel, wissen wir nicht. (Sicher nicht wegen dessen Sprachkenntnissen. Wiesner sprach kein Serbisch. Aber das war ja nicht so schlimm, mit Deutsch konnte man im damaligen Sarajevo gut weiterkommen.) Über Erfolg oder Misserfolg Wiesners möge später berichtet werden.

Am selben Tag schrieb Botschafter Tschirschky einen privaten (!) Brief aus Wien an seinen Außenminister Jagow in Berlin: Es frage sich nun, welcher Zeitpunkt für die Übergabe der Note am geeignetsten wäre. Er (Berchtold) glaube, dass es sich nicht empfehlen würde, die Note in dem Moment zu übergeben, da Herr Poincaré in Petersburg sei, und damit den Franzosen und Russen Gelegenheit zu geben, sich in Petersburg zu besprechen. Die Note müsse wenn möglich vor der Abreise des Herrn Poincaré aus Paris oder nach dessen Abreise von Petersburg in Belgrad übergeben werden. Mithin also etwa am 18. oder am 24. Juli. Für das letztere Datum spreche vielleicht der Umstand, dass bis dahin die Erntearbeiten in der Monarchie beendet sein würden, wodurch die Mobilisierung erleichtert und in wirtschaftlicher Beziehung große Verluste verhindert würden.

Obige Sätze verdienen überdurchschnittliche Aufmerksamkeit! Monsieur Poincaré würde also bald einen Staatsbesuch in St. Petersburg machen. Wenn die serbische Regierung die Begehrnote (vulgo *Ultimatum*) bekomme, werde sie sofort den großen Bruder in Russland informieren – logisch! Verhindern wir also, dass Nikolaus II. und Poincaré darüber beraten und eine gemeinsame Politik ausklügeln können …

Noch etwas fällt auf: der Hinweis auf die Ernte. Auch in der Kriegsplanung anderer Staaten kommt dieser Hinweis immer wieder vor: Erst nach der Ernte. Heute arbeitet nur ein minimaler Prozentsatz der Menschen in Europa im Primärsektor, das heißt in der Landwirtschaft – vor hundert Jahren war's anders! Hätte man die Bauern vor der Ernte zu den Waffen gerufen, hätte nicht geerntet werden können – die Katastrophe wäre komplett gewesen.

Tschirschkys Brief war mit diesem Terminplan nicht zu Ende. Er berichtete über Berchtolds Pläne, die englische, die italienische und die rumänische Presse zu beeinflussen, weiters stellte er mit Bedauern fest, dass Russlands Sympathieoffensive bei den Polen Erfolge gezeitigt hätte. Die größte Überraschung birgt seine Erklärung, warum er einen Brief schrieb, anstatt zu telegrafieren: weil Telegramme in Österreich dechiffriert werden könnten …

Sonntag, der 12. Juli 1914

Schon wieder ein Attentat, diesmal aber nicht mit tödlichem Ausgang. Im fernen Sibirien griff eine Frau mit einem Dolch den „Wundermönch" Rasputin an und verletzte ihn schwer. Rasputin sei ein „falscher Prophet", erklärte die festgenommene Täterin.

Rasputin machte nach seinem Tod etliche Drehbuchautoren und Filmregisseure reich. Wer oder was war er? Ein primitiver Mönch, ein sexbesessener Wanderheiliger und Wüstling für die einen – ein Heiliger, ein Wunderheiler für die anderen. Zu diesen „anderen" gehörte die Zarin, da es Rasputin gelungen war, den angeblich unheilbaren Sohn der Familie zu heilen. Obwohl er die Wörter „Hypnose" und „Psychologie" wahrscheinlich nicht gekannt hat, war er ein Hypnotiseur, ein Psychologe.

Durch die Heilung des Zarewitsch hatte Rasputin einen unglaublich großen Einfluss auf die Zarin – und dadurch indirekt auch auf den Zaren? Und dieser Scharlatan (oder Zauberer) wollte keinen Krieg, er hatte nichts gegen die Deutschen. Hätte ein nicht

Grigori Rasputin (1869–1916),
Wanderprediger und Geistheiler

durch ein Attentat verletzter Rasputin den Einfluss des Militärs auf Nikolaus II. neutralisieren können? Eher unwahrscheinlich, der Zar war von ihm weniger angetan als die Zarin, aber auf jeden Fall war jetzt ein einflussreicher Friedensfreund ausgeschaltet. In den folgenden Tagen wurde des Öfteren sein Tod gemeldet. Er aber erholte sich – das tödliche Messerattentat erfolgte erst 1916.

*****

Botschafter Graf Szögyény erfreute mit seinem Bericht aus Berlin Minister Berchtold. Es ist heute schwer zu sagen, inwiefern Szögyény seine eigenen optimistischen Ansichten als Tatsachen verkauft hat: „Daher ist es absolut nicht ausgemacht, dass, wenn Serbien in einen Krieg mit uns verwickelt wird, Russland demselben mit bewaffneter Hand beistehen würde; und sollte sich das Zarenreich doch dazu entschließen, so ist es zur Zeit noch lange nicht militärisch fertig und lange nicht so stark, wie es voraussichtlich in einigen Jahren sein wird. ... der zivilisierten Welt sind die Augen aufgegangen, und jede Nation verdammt die Bluttat von Sarajevo und begreift, dass wir dafür Serbien zur Verantwortung ziehen müssen ...

Zu diesen politischen Gründen Seiner Regierung kommt bei Kaiser Wilhelm ... auch noch das rein persönliche Moment hinzu, eines unbegrenzten Enthusiasmus für unsern Allergnädigsten Herrn, über die in dem Allerhöchsten Handschreiben bekundete bewunderungswürdige Energie, mit der Seine k.u.k. Apostolische Majestät für die vitalen Interessen und das Prestige der Allerhöchstdemselben anvertrauten Länder einzutreten gewillt sind.“

Ob Wilhelm II. für den Allergnädigsten Herrn wirklich unbegrenzten Enthusiasmus verspürt hat, wissen wir nicht. Was aber das laut Szögyény militärisch noch nicht fertige Zarenreich betrifft, waren die Russen der k.u.k. Monarchie in einem Punkt garantiert überlegen: in der Spionage. 14 Monate vor dem Ausbruch des Ersten Weltkrieges hatte Wien seinen Jahrhundertskandal: Generalstabsoffizier Oberst Alfred Redl war als russischer Spion aufgeflogen! Reichsratsabgeordneter Sternberg echauffierte sich noch in den 1920er-Jahren: „Dieser Schurke verhinderte, dass wir die russischen Geheimnisse durch Spione erfuhren." So blieb den Österreichern die Existenz von 75 Divisionen, die mehr als die ganze österreichisch-ungarische Armee ausmachten, unbekannt.

*****

Die wilden Hetztiraden der serbischen Presse bekamen ernsthafte Konkurrenz in Wien. Die satirische Wochenschrift „Die Bombe" philosophierte unter dem Titel „Heiteres von der Woche" mit umgekehrtem Vorzeichen: „Durch einen offenkundigen Irrtume der Weltgeschichte ist das serbische Reich erhalten geblieben. … Und so besteht S e r b i e n noch heute, ohne dass man einen logischen Grund dafür angeben könnte. … Selbstverständlich verdammen wir die Exzesse gegen die S e r b e n … Man stellt sich dann mit den Balkanwildlingen auf eine Stufe … Unsere Meinung ist: Zerstörung des s e r b i s c h e n Staates ist Lebensaufgabe für Ö s t e r r e i c h."

Montag, der 13. Juli 1914
Der nach Sarajevo entsandte Sektionschef Dr. Wiesner (siehe 11. Juli) griff zur Feder (im wahrsten Sinne des Wortes) und schrieb seinen Bericht: „Mitwissenschaft serbischer Regierung an der Leitung des Attentats oder dessen Vorbereitung und Beistellung der Waffen durch nichts erwiesen oder auch nur zu vermuten. Es bestehen vielmehr Anhaltspunkte, dies als ausgeschlossen anzusehen."

Tief durchatmen und nachdenken. Diese zwei Sätze sind der hundertprozentige Persilschein für die serbische Regierung!

Dank Durchatmen sind unsere grauen Zellen derzeit reich an Sauerstoff, sie sind arbeitsbereit, also wollen wir sie anstrengen:

Die erste Seite des Wiesner-Berichts schloss noch jede serbische Mitschuld aus.
Die dritte Seite nicht mehr.

Wiesner hatte die Weisung, nach Sarajevo zu fahren, am 11. Juli
bekommen …

Halt!

Suchen Sie bitte im Internet die Fahrpläne, und Sie werden
erfahren, dass Sie 19 Stunden und 32 Minuten brauchen, um
aus Wien nach Sarajevo zu gelangen (und dabei zweimal
umsteigen müssen). Vor einem Jahrhundert wird's garantiert
nicht weniger lang gedauert haben. Wenn also Wiesner Wien
am 11. Juli in der Früh (oder am Vormittag) verlassen hat, kann
er bestenfalls am 12. Juli zur Mittagszeit an seinem Ziel ange-
langt gewesen sein.

Er hatte also den 12. Juli zur Verfügung, um den bosnischen Behörden auf die Nerven zu gehen.

Meine Damen und Herren, der 12. Juli war ein Sonntag! Glauben Sie wirklich, dass die Behörden der k.u.k. Monarchie vor 100 Jahren an einem Sonntag arbeitswillig und auskunftsfreudig waren?

Und wenn der 12. Juli auch ein gewöhnlicher Wochentag gewesen wäre: Wie kann man etwas Negatives in einigen Stunden beweisen? Man kann – wenn man Glück hat – in einer Stunde oder auch in einigen Minuten einen Beweis *für* irgendetwas finden. Aber dass man in einer derart heiklen Angelegenheit in einer dermaßen kurzen Zeit etwas *ausschließt* – nein, das geht nicht!

Jetzt kommt doch noch eine Überraschung: Etwas hat Wiesner schon herausgefunden. Widmen wir uns dem zweiten Teil seines Berichtes: „Durch Aussagen Beschuldigter kaum anfechtbar festgestellt, dass Attentat in Belgrad beschlossen und unter Mitwirkung serbischen Staatsbeamten Ciganović und Major Tankošic vorbereitet, von welchen beiden Bomben, Brownings, Munition und Zyankali beigestellt."

Also: Dass der Wiesner-Bericht die totale Unschuld der Serben beweist sowie die ganze Schuld der k.u.k. Monarchie in die Schuhe schiebt, stimmt nicht.

Ciganović und Major Tankošic! Diese beiden Namen hat Untersuchungsrichter Pfeffer bereits in den ersten 24 Stunden seiner Tätigkeit herausbekommen (siehe 29. Juni). Wahrscheinlich wird Wiesner am Abend des 12. Juli mit Pfeffer eine schöne Portion Ćevapčići vertilgt haben (Slibowitz als Digestif nicht ausgeschlossen), und so wird er zu dieser Information gekommen sein. Der dritte Name, der wichtigste Name, fehlt allerdings:

Dimitrijević. Der Chef! Wahrscheinlich blieb er absichtlich im Hintergrund, die Attentäter werden seinen Namen nicht gekannt haben – und so fiel dieser Name bei keinem Verhör.

Hätte man heute einen Fall von derselben Bedeutung, würde die jeweilige Regierung eine mindestens zehnköpfige Delegation (Neudeutsch: Fact Finding Commission) mit der Arbeit betrauen. Selbige wäre – je nach Bedeutung, Dringlichkeit etc. – einige Wochen (Monate?) tätig, würde einen Bericht von Hunderten Seiten fabrizieren und die Steuerzahler mit einer fünf- oder sechsstelligen Summe belasten. Wiesner begann am Samstag, war Montag fertig, wird wahrscheinlich Reisegelder verrechnet haben – aus!

*****

Damit wir ja nicht glauben, dass sonst nur Friede, Ruhe und Freundschaft in Europa herrschten, schauen wir die wichtigsten Schlagzeilen des „Prager Tagblattes" an: Ein bulgarisch-rumänischer Zwischenfall … Griechische Greueltaten in Koritza … Die griechisch-türkische Spannung … Blutiger Zusammenstoß in Ulster… Die Gewalttätigkeiten der Epiroten in Albanien.

Sonstige Probleme im Ausland? Die deutsche Artillerie war der französischen überlegen, die Befestigung der französischen Ostgrenze veraltet, Millionen waren vergeblich verpulvert worden – donnerte der Berichterstatter Humbert im Senat in Paris. Ja, ja, irgendwie stimmt's schon, meinte der Kriegsminister, aber der liebe Senat möge die verlangten Kredite beschließen, um alles in Ordnung bringen zu können.

Dienstag, der 14. Juli 1914

In Paris schufteten die Politiker am Nationalfeiertag, anstatt zu feiern: Das Budget musste vor der Abreise Poincarés nach Russland abgesegnet werden – also gab's eine Sitzung des Parlaments. Kriegsminister Messimy gelang es, die oppositionellen Gemüter zu beruhigen – das Budget wurde angenommen.

*****

Ob Franz Joseph, Berchtold oder sonst irgendwer an diesem Tag dem französischen Botschafter zum Nationalfeiertag gratuliert hat? Anzunehmen!

Berchtold hatte aber am 17. Juli einen anderen Grund, Freudentänze aufzuführen: Bei einem Dreiergipfel (Berchtold – Stürgkh – Tisza) schwenkte Tisza um! War das der Einfluss Franz Josephs? War das die Garantie Wilhelms II., Rumänien mischte sich nicht gegen Österreich-Ungarn ein? Ja, irgendwie schon! Berlin garantierte Tisza: Rumänien bleibt neutral und tritt nicht auf Serbiens Seite in einen Krieg ein (1916 war aber trotzdem Schluss mit der rumänischen Neutralität), Bulgarien ist auf unserer Seite (Bulgarien erklärte Serbien 1915 tatsächlich den Krieg). Franz Joseph wird den schriftlichen Bericht seines Außenministers mit größter Freude gelesen haben, auch, dass es Tisza gelungen war, eine Bedingung zu erkämpfen, „… dass die Monarchie – abgesehen von kleineren Grenzregulierungen – keinen Landerwerb aus dem Kriege gegen Serbien anstrebe".

Warum war der ungarische Ministerpräsident so scharf gegen die Annexion serbischer Gebiete? Das *slawische Element* war in der Monarchie ohnehin ziemlich stark vertreten, man braucht es nicht noch stärker zu machen.

Weitere Beschlüsse an diesem Tag in Wien: Das Ultimatum würde am 25. Juli überreicht werden, „mit Rücksicht auf den Besuch des Präsidenten der französischen Republik beim Zaren". Käme die Note noch während der Anwesenheit Poincarés in St. Petersburg an, könnte dies als Affront betrachtet werden und eine französisch-russische Intervention auslösen.

Nach dieser Zusammenkunft lenkte Tisza seine Schritte in die deutsche Botschaft (wahrscheinlich war's ein Auto oder eine Kutsche, zu Fuß wär's zu weit gewesen) und teilte Tschirschky mit, eine sehr schwere Entscheidung getroffen zu haben. Nach dieser Entscheidung, nach dieser 180-Grad-Wende war der ungarische Ministerpräsident felsenfest überzeugt, das Notwendige getan zu haben.

Botschafter Tschirschky meldete die Wiener Entscheidung und Tiszas Besuch sofort nach Berlin. Wilhelm II. muss mit Tisza sehr zufrieden gewesen sein und notierte auf Tschirschkys Bericht handschriftlich: „Er ist doch ein Mann!"

Während Wilhelm II. in Berlin das Geschlecht des ungarischen Ministerpräsidenten trotz erheblicher Entfernung mit bemerkenswerter Präzision feststellte, informierte Tschirschky ganz begeistert

Der deutsche Diplomat Heinrich von Tschirschky (1858–1916)

auch seinen Reichskanzler: Die Note werde so abgefasst sein, dass ihre Annahme so gut wie *ausgeschlossen sei*. Und weil er in seiner Glückseligkeit eine Kleinigkeit vergessen hatte, beglückte er Bethmann Hollweg mit einem zweiten Telegramm: ... es sei wenn möglich zu vermeiden, dass in Petersburg bei Champagnerstimmung und unter dem Einfluss der Herren Poincaré, Iswolski und des Großfürsten eine Verbrüderung gefeiert werde ...

Iswolski (Russlands Botschafter in Frankreich, früher Außenminister) und der Großfürst!

Zwei russische Scharfmacher! Sie waren genauso kriegsbegeistert wie Berchtold in Wien oder Bethmann Hollweg in Berlin!

*****

Noch einen kurzen Blick nach Berlin: Auch Deutschland hatte seinen Spionageskandal, nicht nur Österreich. Hier war's aber kein Oberst, sondern nur ein Feldwebel, er war auch nicht homosexuell wie sein Wiener Pendant und wurde auch nicht in den Selbstmord getrieben – sondern vor Gericht gestellt. Wegen Verkaufs von Festungsplänen an Russland bekam Feldwebel Pohl 15 Jahre Zuchthaus.

Mittwoch, der 15. Juli 1914

An diesem Tage bestieg der französische Staatspräsident Raymond Poincaré in Dünkirchen die „France", um auf des Meeres Wellen nach St. Petersburg zu gelangen. Mit ihm: Ministerpräsident und Außenminister René Viviani.

Frankreichs Staatspräsident Raymond Poincaré (1860–1934)

Mathematiker aller Welt müssen angesichts dieser Namen frohlocken. Nun, Poincaré war tatsächlich ein Cousin des weltberühmten Mathematikers Henri Poincaré, eine Verwandtschaft Vivianis mit dem großen italienischen Mathematiker gleichen Namens im 17. Jahrhundert lässt sich nach Studium diverser Lexika nicht nachweisen.

Was aber viel wichtiger ist: In diesem Duo war Poincaré eindeutig der Primgeiger. Ob er – ein durch und durch bürgerlicher Politiker – für seinen ehemaligen sozialdemokratischen Reisepartner viel Sympathie hegte, ist zu bezweifeln. Aber im Ausland waren sie ein Herz und eine Seele.

Heute überrascht es vielleicht, dass die beiden Staatsbesucher die langsamste Reisevariante wählten. Na ja, fürs Fliegen war's noch zu früh. Eisenbahn? Da hätten die beiden Franzosen durch Deutschland fahren müssen – dazu hatten sie wahrscheinlich nicht viel Lust. Und wenn man mit dem Schiff unterwegs war, konnte man unterwegs auch noch ein paar skandinavische Hauptstädte besuchen und dabei Politik betreiben. Im Sinne der russisch-französischen Freundschaft konnte man die dänischen, schwedischen und norwegischen Politikerkollegen beruhigen: Russland ist ein friedliches Land und hegt keine aggressiven Pläne.

*****

Was tat sich in Wien, während die „France" auf dem Atlantik unterwegs war? Botschafter Schebeko, der einst nach Studium der Wiener Börsenkurse keine kriegerische Entwicklung gesehen hatte (siehe 29. Juni), flüsterte seinem britischen Kollegen Mr. Bunsen zu, wenn Österreich-Ungarn Serbien angreife, werde Russland nicht untätig bleiben, sondern in den Krieg eingreifen. Dass Bunsen seinen Außenminister Grey sofort in Kenntnis setzte, ist selbstverständlich. Aber auch Berchtold bekam diese Nachricht zugeflüstert. Allerdings war er überzeugt, mit der erst später erfolgenden Übergabe der Begehrnote in Belgrad ein politisches Meisterstück zu produzieren, und telegrafierte seinem Botschafter Szőgyény nach Berlin, es wäre unklug, … den … Schritt in Belgrad gerade zu einer Zeit zu machen, wo der friedliebende, zurückhaltende Kaiser Nicolaus und der immerhin vorsichtige

Herr Sasonow dem unmittelbaren Einflusse der beiden Hetzer Iswolski und Poincaré ausgesetzt seien.

Um auf den Botschafter Schebeko zurückzukommen: Ob er die Bewegungen der Wiener Börse auch weiterhin beobachtete, ist nicht bekannt. Fest steht, dass die Entwicklung seit dem Attentat nicht erfreulich war: Die Kurse fielen, es herrschte Baisse!

*****

Zitiert seien noch die ersten zwei Sätze des Leitartikels der „Neuen Freien Presse": „Eine Frage schwebt uns seit der Ermordung des Erzherzogs Franz Ferdinand auf den Lippen. Warum hat Serbien bisher amtlich kein Wort gesprochen, um den gegen eine Gruppe von Staatsangehörigen aufkeimenden Verdacht der Mitschuld vor der gesamten Kulturmenschheit durch Anführung von Beweisen zu widerlegen?"

Nun, diese Widerlegung wäre unmöglich gewesen.

Und die serbische Zeitung „Balkan" begann die Namen jener Serben zu veröffentlichen, die trotz Boykottaufruf (siehe 8. Juli) mit der DDSG gefahren waren – eine moderne Form des Prangers.

Welchen Namen die österreichischen Zeitungen in diesen Tagen sehr oft erwähnten, werden Sie nie erraten! Am 15. Juli 1904 war Anton Tschechow gestorben, die Kulturredakteure würdigten ihn am 10. Jahrestag seines Todes.

Donnerstag, der 16. Juli 1914

Haben die „Times"-Redakteure in London den oben erwähnten Leitartikel der „Neuen Freien Presse" gelesen? Serbien möge selbst und aus eigenem Antrieb die Untersuchung durchführen, meinte das Blatt. Österreich-Ungarn sei bis dahin mit Selbstbeherrschung und Zurückhaltung aufgetreten. Es sei außerdem die nachbarschaftliche Pflicht Serbiens, wirksamste Garantien gegen die Unterstützung der aufrührerischen Bewegung unter den Südslawen der Monarchie zu geben. Tobsüchtige Beschuldigungen, wie die anlässlich des Todes Hartwigs, würden die Verachtung und den Widerwillen aller Kulturnationen erregen.

*****

Mehr als zwei Wochen lang betrieben die k.u.k. Politiker, Diplomaten und Militärs praktisch totale Geheimhaltung mit ihren deutschen Verbündeten – so total war diese Geheimhaltung aber auch wieder nicht. Der russischen Regierung wurden die Pläne Österreich-Ungarns mitgeteilt. Von wem? Von italienischen Diplomaten! Woher wussten die überhaupt Bescheid? Das weiß man nicht, Dreibundpartner Italien wurde nämlich von Berchtold & Co. über nichts informiert.

*****

Reichskanzler Bethmann Hollweg versuchte, mit schlauen Plänen Frankreich von der Unterstützung Russlands abzuhalten, und beglückte schriftlich den für Elsass-Lothringen zuständigen Staatssekretär Roedern: „Wir haben Grund anzunehmen und müssen wünschen, dass das zur Zeit mit allerlei Sorgen belastete Frankreich alles tun wird, um Russland von einem Eingreifen abzuhalten. Diese Aufgabe wird den heutigen Machthabern in Paris wesentlich erleichtert werden, wenn die französischen Nationalisten in den nächsten Wochen keinen Agitationsstoff zur Ausbeutung erhalten; ich habe deshalb in Berlin veranlasst, dass jede Presspolemik mit Frankreich für die nächsten Wochen nach Möglichkeit abgestoppt wird, und möchte Sie bitten, in Strassburg ein gleiches zu tun."

Kommentar des Schreibers dieser Zeilen: Schaute es mit der Pressefreiheit in Deutschland 1914 wirklich so schlecht aus, dass der Reichskanzler die Linie vorgeben konnte? Was aber das Inhaltliche betrifft, kann man nur von utopischen Wunschträumen sprechen.

Auch in Frankreich begann man die Gefahr eines Krieges zu spüren. Beim Kongress der Sozialisten erklärte Jean Jaurès, die beste Möglichkeit, den Frieden zu bewahren, sei ein allgemeiner Streik in allen betroffenen Ländern. Sein Antrag wurde mit 1690 Stimmen gegen 1174 angenommen. Für Elsass-Lothringen (damals deutsches Gebiet) verlangte Jaurès die Autonomie.

Ansonsten? Friede auf dem Balkan? Rumänische Truppen eröffneten das Feuer auf Bulgaren an der bulgarischen Grenze, bulgarische Truppen begannen an der serbischen Grenze herumzuschießen – sonst nichts.

*****

Autos, Schiffe, Eisenbahnen, Marathonläufer und Schwimmer sind heute um Klassen schneller als 1914 – die Justiz aber nicht. In Laibach (Ljubljana) stand ein Arbeiter bereits einige Tage nach seiner „Untat" vor Gericht, nämlich weil er das Attentat von Sarajevo gutgeheißen und ein Mitglied der kaiserlichen Familie belei-

digt hatte. Im ersten Punkt wurde er freigesprochen, aber die
Beleidigung blieb an ihm hängen. Urteil: ein Jahr schwerer Kerker.

Freitag, der 17. Juli 1914

Wenn man die diplomatische Korrespondenz dieses Tages liest,
kann man nur totales Chaos und einander widersprechende Meinungen und Beurteilungen feststellen.

Beispiele gefällig?

„Ein scharfes Vorgehen Österreich-Ungarns könnte die innere
Zersetzung der Monarchie wenigstens für einige Zeit aufhalten."
Dreimal dürfen Sie raten, woher dieses Zitat stammt! Aus Belgrad? Aus St. Petersburg? Gar aus Paris? Aber nein, Herr Biedermann, der sächsische Geschäftsträger in Berlin, verewigte seine
Gedanken. „Und wenn die noch nicht zersetzte k.u.k. Armee Serbien angreift, bleibt es beim lokalen Konflikt, da England durch-
aus friedfertig gesinnt ist und ebensowenig Frankreich und Russland kriegerische Neigungen zu verspüren scheinen."

Nun, Herr Biedermann hatte kein Vertrauen in die Stabilität
der alten Monarchie (die Geschichte soll ihn bestätigt haben),
aber seine Beurteilung der künftigen Neutralität der Enten-
te-Mächte gehört ebenfalls in die Kategorie „Utopie".

*****

Graf Hoyos (Sie erinnern sich: Wiens Berlin-Fahrer am 4. Juli)
träumte schon von der vollständigen Aufteilung Serbiens,
Berchtold und Tisza erklärten dies zu einer Privatmeinung, aber
Außenminister Jagow in Berlin wollte die Sache genau geklärt
wissen.

Roch noch niemand das Schießpulver? Spürte niemand die Kriegsgefahr? Niemand von den Entente-Politikern oder Entente-Diplomaten? Aber ja! Bošković, Serbiens Gesandter in London, warnte seine Regierung, aber sonst war Europa in diesen Tagen „taub und blind" (© Ljubomir Jovanović, Serbiens Unterrichtsminister anno 1914 in seinen 1924 geschriebenen Memoiren).

Verehrte Exzellenz Bošković, woher hatten Sie Ihre Informationen? Vielleicht weil die serbische Regierung schon angefangen hat, Reservisten einzuberufen?

So stand es auf jeden Fall im „Pester Lloyd".

… wurde aber dementiert. Von Mobilisierungsmaßnahmen in Serbien keine Rede!

Dabei waren serbische Kreise in all diesen Wochen gar nicht arbeitslos. Albanien kam nicht zur Ruhe (siehe 28. Juni). Und die Aufständischen erfreuten sich serbischer Hilfe. Es war zwar nicht die Regierung, die Truppen geschickt hatte, aber Privatpersonen schlossen sich an, und das serbische Rote Kreuz brachte verwundete Regierungsgegner in serbische Krankenhäuser. Und damit Sie ja nicht glauben, national bedingte Streitereien, Raufereien, Angriffe gab's nur auf dem Balkan: Die gab es auch in Böhmen zwischen Tschechen und Deutschen.

Samstag, der 18. Juli 1914

Dass führende deutsche Persönlichkeiten nicht viel Vertrauen in Österreich-Ungarn hatten, kann man auch der Korrespondenz dieses Tages entnehmen. „Österreich … zählt schon jetzt kaum mehr als vollwertige Grossmacht. … Wir müssen sehen, den Konflikt zwischen Österreich und Serbien zu lokalisieren", drahtete Minister Jagow seinem Londoner Botschafter, Lichnowsky. „Österreich-Ungarn ist der kranke Mann in Europa … auf dessen Aufteilung Russen, Italiener, Rumänen, Serben und Montenegriner … warten", heißt es in der bayrischen Korrespondenz.

Wenn auch diese Beurteilungen nicht sehr freundlich gewesen sind: Realistisch waren sie auf jeden Fall.

Wilhelm II. hatte in diesen Tagen seine heilige Ruhe auf seinem Schiff „S.M.S. Hohenzollern". Poincarés und Vivianis heilige Ruhe auf der „France" aber ging zu Ende: Ankunft in Kronstadt[20].

Zar Nikolaus II. empfing den französischen Präsidenten.

War das bitte ein Kontrast!

Der konservativste Herrscher Europas empfing den Präsidenten einer Republik, einen Advokaten! Dabei hat ja ein Advokatensohn einmal Russland angegriffen, Moskau besetzt – aber das Land nicht besiegt. Und jetzt schreitet ein lothringischer Advokat neben dem Zaren die Garde ab – und die russische Militärkapelle spielt die Marseillaise. Die Hymne der französischen Revolutionäre, die einst gegen die großen russischen Heerführer Suworow und Kutusow gekämpft haben. Entsetzlich!

Die Marseillaise … Exzellenz Pourtalès, der deutsche Botschafter am Zarenhof, wird sicher leicht gegrinst haben, als er einige Tage später Berlin schriftlich informierte: „Man muss es als eine Ironie des Schicksals empfinden, dass zu der gleichen Zeit, zu welcher im Lager von Krasnoje Selo die russische Garde den Gast des Zaren mit den Klängen der Marseillaise begrüßt, in den Vorstädten Petersburgs die Kosaken auf die Arbeiter schießen, welche dieselbe Marsellaise sangen."

---

20 Kronstadt = Marinestützpunkt, Festung auf einer Insel vor St. Petersburg.

René Viviani (1863–1925)

Und neben Poincaré dieser Viviani! Die Sozialisten hatten ihn zwar aus der Partei ausgeschlossen, aber er war doch irgendwie ein Revoluzzer. Leute wie Viviani kamen in Russland nach Sibirien, dort gehörten sie auch hin! Oder es wurde auf sie geschossen (wie gleichzeitig auf streikende und demonstrierende Arbeiter in Moskau, in St. Petersburg und in Baku. Es gab auch mehrere Tote). Ja, dieser Staatsbesuch entbehrte nicht einer gewissen Pikanterie! Aber die Staatsinteressen hatten Priorität! Und wenn Poincaré in seiner Rede Frankreichs absolute Bündnistreue erklärte, dann denken wir momentan weder an Napoleon noch an die Enthauptung Ludwigs XVI.

Da wurde sogar repräsentiert: Empfang für die französischen Gäste. Und Poincaré war ja nicht das erste Mal in Russland, da würde schon nichts passieren!

Und bei irgendeinem Empfang wurde Viviani von den Töchtern des Königs Nikola von Montenegro, zwei nach Russland geheirateten Prinzessinnen, becirct. Anastasia und Milica flüsterten dem französischen Ministerpräsidenten zu: „Ich habe heute Depesche von Papa, dass wir zum Monatsende Krieg haben werden. Wissen Sie, dass das ein Held ist wie in der Ilias, mein Vater. … Sie werden sehen, von Österreich bleibt nichts übrig. Elsass kommt wieder, unsere Waffen treffen sich in Berlin."

Nun, die beiden Prinzessinnen waren zu optimistisch. Aus dem Berliner Rendezvous wurde nichts. Im Jänner 1916 musste Montenegro bedingungslos kapitulieren – es war vielleicht der größte Tag im Leben des Ministerpräsidenten Tisza, als er diese Nachricht im ungarischen Parlament mitteilen konnte. Der an antike Helden erinnernde Vater von Anastasia und Milica verlor seinen Thron, Montenegro wurde nach dem Krieg ein Teil des neuen jugoslawischen Staates und gewann seine Unabhängigkeit erst 2006 wieder.

Bleiben wir in Russland. Außenminister Sasonow hatte auch einen stressigen Tag: Er empfing den k.u.k. Botschafter, den Grafen Szapáry, und teilte ihm mit, dass Russland einen österreichisch-ungarischen Angriff auf das befreundete Serbien nicht dulden werde.

Szapárys Reaktion?

Wie Sasonow später feststellte, entgegnete dieser in den friedfertigsten Ausdrücken das vollständige Fehlen irgendwelcher Absichten Österreichs, seine Beziehungen zu Serbien zu verschärfen …

Sasonows Reaktion war kurz und bündig: „Il a été doux comme un agneau." Das heißt, er war fromm wie ein Lamm.

Sonntag, der 19. Juli 1914

Sonntag hin – Sonntag her: Die Politiker mussten arbeiten. In Wien tagte wieder der gemeinsame Ministerrat. Mit größter Genauigkeit beschloss man, die Note (nämlich die berühmte Begehrnote) am 23. Juli um 5:00 Uhr Nachmittag in Belgrad zu übergeben. Das Duo Poincaré & Viviani werde zu diesem Zeitpunkt Russland bereits verlassen haben, die beiden Franzosen würden sich also nicht mehr mit Nikolaus II. und mit Sasonow verständigen können! Serbien werde 48 Stunden bekommen, um zu antworten, das wäre also der 25. Juli um 5:00 Uhr Nachmittag. Weil ja niemand damit rechnete, dass die Belgrader Regierung alle Forderungen akzeptieren würde, wurde auch besprochen, dass die Mobilisierung der k.u.k. Streitkräfte noch in derselben Nacht möglich sei. Und nach dem Motto „Sicher ist sicher": Man würde den Ausnahmezustand in allen südslawisch dominierten Gebieten der gesamten Monarchie verhängen. Tisza fügte noch hinzu: auch in Siebenbürgen!

Tisza stimmte allen Kriegsplänen zu, seine alten Bedenken waren aber noch nicht ganz weg: Was würde geschehen, wenn die in Siebenbürgen ansässigen Rumänen rebellierten? Conrad von Hötzendorf beruhigte ihn: „… die im Falle einer allgemeinen Mobilisierung in Siebenbürgen verbleibenden Sicherungsbesatzungen … genügen, um die innere Ruhe des Landes beim lokalen Aufruhr zu sichern." Diese Truppen seien so ausgesucht, dass nur ein kleiner Prozentsatz von ungarländischen Rumänen darunter sei. Tisza erklärte sich damit zufrieden, gab aber seine Zustimmung nicht ganz umsonst: Er verlangte eine Garantie, dass abgesehen von militärisch notwendigen Grenzberechtigungen keine Eroberungspläne und keine Einverleibung serbischer Gebiete erfolgen würden. Berchtold sagte dazu Ja und Amen – aber mit einer Einschränkung: Albanien, Bulgarien, Griechenland, Rumänien könnten eventuell serbische Gebiete bekommen, aber Österreich-Ungarn würde bescheiden bleiben und gab sogar in Rom eine feierliche Deklaration ab, keine Gebiete annektieren zu wollen. … Weiters würde die Monarchie keinen Eroberungskrieg führen und beabsichtige nicht die Einverleibung des Königreiches. Natürlich sollten strategisch notwendige Grenzberechtigungen sowie die Verkleinerung Serbiens zugunsten anderer Staaten sowie eventuell notwendige vorübergehende Besetzungen serbischer Gebietsteile durch diesen Beschluss nicht ausgeschlossen werden.

Preisfrage: Wenn man keine Gebiete erwerben will, warum will man dann Krieg? Wirklich nur, um die attentatsfreudigen Serben zu disziplinieren? Um die in Belgrad regierende Dynastie abzusetzen und Serbien in ein Abhängigkeitsverhältnis zu bringen (Idee des Ministerpräsidenten Stürgkh)?

Auf dieses Problem kommen wir noch zurück.

*****

Eine Sensationsnachricht erreichte Wien: Die Abfahrt der „France" war um eine Stunde verschoben worden. Bliebe es bei der geplanten Übergabe um 5:00 Uhr Nachmittag, hätten die führenden russischen Gastgeber mit den führenden französischen Gästen doch noch die Lage besprechen können!

Elastisch, reaktionsschnell, flott und flink wie noch nie war die k.u.k. Reaktion: Die Note werde in Belgrad nicht um 5:00, sondern um 6:00 Uhr Nachmittag übergeben werden!

*****

Am selben Tag schrieb Landeschef Potiorek Finanzminister Biliński einen interessanten Brief, dessen Inhalt das Leben Gavrilo Princips retten sollte. In dessen Dokumenten waren nämlich zwei unterschiedliche Geburtstage angegeben: der 13. Juni und der 13. Juli 1894.

Was stimmte?

War dieser Unterschied von einem Monat so wichtig?

Und ob!

Stimmte die erste Version, wäre Princip am Tage des Attentates 20 Jahre und 15 Tage alt gewesen. Die Todesstrafe wäre ihm sicher gewesen.

Stimmte aber der 13. Juli, dann wäre er an diesem ominösen 28. Juni 1914 erst 19 Jahre und 350 Tage alt gewesen – unter 20. Todesstrafe ausgeschlossen!

Gestimmt hat die zweite Version, Princip war noch keine 20, als er die tödlichen Schüsse abfeuerte.

Ich kann nicht nur mit einem falschen Geburtstag dienen, sondern auch mit einer falschen Nachricht: „Princip wurde von Agenten Österreich-Ungarns angestiftet!", lasen die serbischen Zeitungsfreunde im „Mali Journal".

*****

Sollten Sie übrigens Ihr Brot als angestellter Chauffeur verdienen wollen, dann möge Ihnen das Berufsbild anno 1914 nicht verhehlt werden: „… properes, gutrasiertes Aussehen, ein korrekter Sitz der Kopfbedeckung (keine verwegen im Genick sitzende Mütze), eine gute, gerade Haltung und nicht der nachlässige Sitz, wie man ihn heute leider bei so vielen Chauffeuren, besonders auf offenen Tourenwagen und dann beobachtet, wenn die Herrschaft nicht im Wagen sitzt, kein Rauchen, anständige Handschuhe, … kein Schimpfen mit anderen Fahrern und Kutschern, ein ruhiges, gleichmäßiges, diskretes Fahren" usw. usw. Nachzulesen in der „Neuen Freien Presse".

Montag, der 20. Juli 1914

In den vergangenen Monaten (Jahren) konnte man in etlichen Leitartikeln und Kommentaren lesen: Österreichische Politiker würden keine Rücktrittkultur kennen, sie säßen wie einbetoniert auf ihren Sesseln und trotzten allen Vorwürfen, was auch immer sie getan haben. Ja, früher sei das anders gewesen … Wirklich?

Das „Wiener Montags-Journal" nahm sich den für Bosnien zuständigen k.u.k. Finanzminister Biliński vor: „Was ist geschehen? … Dabei wird endlich entdeckt, dass es Verschwörungen in Bosnien gibt, dass … Bomben gefunden werden, die angeblich alle aus Serbien stammen. Mag denn so sein, wer ist denn schuld, dass man von diesem Import erst erfährt, nachdem ein Thronfolger sein Leben gelassen! In jedem anderen Lande würde der Minister schon aus Scham über diese Enttäuschung sofort weggehen. Bei uns publiziert beispiellose journalistische Frechheit, dass der Minister ganz schuldlos sei … Haben wir keine Grenzen, nicht genug Beamte und Militär, diese Grenzen zu bewachen? … Liegt wirklich an der serbischen Regierung die Schuld, dass der Thronfolger ermordet wurde? Wir sind gewiss die letzten, die diese professionellen Königsmörder in Schutz nehmen, wir denken aber, für die Sicherheit und das Leben in Oesterreich sind die österreichischen Behörden zuerst verantwortlich." Fazit: Der größte Skandal ist, dass Biliński nicht zurücktritt.[21]

*****

Baron Giesl, der österreichisch-ungarische Gesandte in Belgrad, bekam aus Wien die berühmte Begehrnote und den Auftrag, diese am 23. Juli dem serbischen Außenminister zu übergeben. Alle k.u.k. Botschaften und Gesandtschaften im Ausland bekamen den Text zugeschickt, um alle Regierungen zu informieren.

K.u.k. Gesandter Wladimir Giesl Baron von Gieslingen (1860–1936)

---

21 Zurückgetreten ist er erst 1915, allerdings aus einem anderen Grund: Er konnte seine Idee, die österreichisch-ungarische Doppelmonarchie in eine österreichisch-ungarisch-polnische Triplemonarchie umzuwandeln, nicht verwirklichen.

Hatte Österreich-Ungarn – obwohl noch Friede herrschte! – bereits militärische Vorbereitungen getroffen? Dies stand in einem Telegramm des serbischen Gesandten Jovan Jovanović nach Belgrad. Welche Vorbereitungen Jovanović gemeint hat, wissen wir nicht, aber an Maßnahmen war schon gedacht worden: Der ungarische Ministerrat hatte beschlossen, die Wehrfähigen einzuberufen und die Mobilisierung vorzubereiten. Der König nahm das Protokoll dieser Regierungssitzung ohne Eile zur Kenntnis, nämlich erst am 3. September.

Dienstag, der 21. Juli 1914

Während Gesandter Giesl in Belgrad wahrscheinlich schon die Stunden und die Minuten zählte, wie lange es noch dauern würde, bis er die Begehrnote übergeben könnte, gab es in St. Petersburg den obligatorischen diplomatischen Empfang: Die ausländischen diplomatischen Vertreter wurden dem französischen Staatsgast vorgestellt. Er richtete wahrscheinlich an alle ein paar schöne Worte und nichtssagende Phrasen, aber für den Grafen Szapáry, den k.u.k. Botschafter, hatte er nicht nur Floskeln parat, sondern ganz eindeutige Warnungen, noch dazu in einem unfreundlichen Ton vorgebracht: Österreich-Ungarn solle die serbische Regierung nicht für das Attentat verantwortlich machen, ohne Beweise zu haben! Und man möge in Wien und in Budapest auch daran denken, dass Serbien Freunde habe!

Eindeutiger geht's nicht! Ein bewaffneter Konflikt zwischen Serbien und seinem nördlichen Nachbarn würde keine lokale Schießerei bleiben, weil ja Serbien *Freunde habe*. Wollen wir aber hinzufügen: Die Reden des Gastes und des Gastgebers, die Trinksprüche waren friedlich, im deutschen Blätterwald wurde mit Befriedigung registriert: keine aggressiven Bemerkungen.

Und trotzdem erging aus Berlin ein Schreiben des Reichskanzlers an die deutschen Botschafter in Paris, St. Petersburg und London (das heißt an Schoen, Pourtalès und Lichnowsky), sie mögen die jeweiligen Außenminister (Viviani, Sasonow und Grey) informieren, „… dass es sich … in der vorliegenden Frage um eine lediglich zwischen Österreich-Ungarn und Serbien zum Austrag zu bringende Angelegenheit handele, die auf die beiden direkt Beteiligten zu beschränken das ernste Bestreben der Mächte sein müsse. Wir wünschen dringend die Lokalisierung des Konflikts, weil jedes Eingreifen einer anderen Macht infolge der verschiedenen Bündnisverpflichtungen unabsehbare Konsequenzen nach sich ziehen könnte."

An den Botschafter in St. Petersburg, Pourtalès, erging noch eine zusätzliche Weisung: Er möge dem Außenminister Sasonow den Fürstenmord 1903 in Erinnerung rufen, als serbische Offiziere ihren König und ihre Königin umgebracht hatten. Der regierende serbische König, Peter I., sei nur durch diesen Fürstenmord auf den Thron gelangt! „Das wird schon wirken!", muss sich Reichskanzler Bethmann Hollweg gedacht haben.

König Peter I. (1844–1921) in jungen Jahren

101

Elftes Gebot: Du sollst dich nicht täuschen!

Getäuscht hat sich nicht nur der deutsche Reichskanzler, sondern auch der russische Botschafter in Wien, Schebeko. Er verließ die schöne Stadt an der Donau und fuhr nach Hause, nach dem Motto „Es wird eh' nix passieren, was soll ich da noch machen …"

Eine realistischere Einstellung zeigte ein einfacher österreichischer Landtagsabgeordneter, Herr Jojkic, der in Bad Ischl auf die Post ging (wahrscheinlichere Version: er schickte einen seiner Bediensteten auf die Post), um ein Telegramm an seine Gattin in Sarajevo aufzugeben: Sie möge Bosnien sofort verlassen!

*****

Und zuletzt noch etwas Überraschendes: Der Eisenbahnminister Österreichs, der deutschfreisinnige Dr. Forster, bestätigte Slowenisch als zweite Amtssprache im Eisenbahnbezirk Klagenfurt. Das meldete mit sichtbaren Tränen der Enttäuschung und Empörung in der Druckerschwärze die „Salzburger Chronik".

Mittwoch, der 22. Juli 1914

Der Schreiber dieser Zeilen schätzte im Laufe seiner Recherchen das „Prager Tagblatt" als seriöses, niveauvolles Presseorgan. In diesem seriösen, niveauvollen (?) Presseprodukt erschien folgendes Gedicht (und jetzt stellen Sie sich die Gedichte in den niveaulosen und unseriösen Zeitungen vor!):

Russen, Schweden, Poincaré

Erstens bei den Moskowitern
Stärkt er sich mit einigen Litern,
Und hernach – das ist der Kulm –
Macht er weiter nach Stockhulm.

Zu den Schweden und den Russen
Eilt er keß und unverdrussen:
Um das Mißtrau'n aller Schweden
Vor den Russen anzureden.

„Kindlein" (spricht er), „liebet Euch.
Argwohn? Ist ja dummes Zeuch!"
(Kurz: er setzt sich auf die Socken,
Uns die Olafs wegzulocken.)

Rußland selber, urgemütlich,
Sagt zu Schweden: „Ich bin friedlich!
Zähme des Verdachtes Trieb!
Immer ran – ich hab' dich lieb!"

„Du mißtraust mir ganz enorm",
Sprach der Hahn zum Regenworm.
„Komm in meine traute Nähe",
Sprach zum Häselein die Krähe.

„Tanzen wir den Freundschaftstanz",
Aeußerte der Fuchs zur Gans
Poincaré mit leichtem Tritt
Tanzte mit. Tanzte mit.

Der Name des Dichters ist leider nicht überliefert, der Schreiber dieser Zeilen möchte aber vom Gedicht inspiriert feststellen: Derselbe Hahn sprach zur Kröte: „Dies' Gedicht ist nicht von Goethe!" Es erscholl des Löwen Brüller: „Ist auch nicht von Friedrich Schüller!"

*****

Das poetische Zeuch ist damit beendet. Prosaischer ging es im Blatt der ungarischen Sozialdemokratie zu. „Népszava" brachte einen heftigen Antikriegsleitartikel: „Der halbamtliche Atem der Geschichte". Der Ton des Autors war ungemein scharf: „Die im Solde des Großkapitals und der Diplomatie stehenden Blätter wiegeln sowohl in Ungarn als auch in Österreich in einem dermaßen unerhörten Ton gegen Serbien auf und hetzen mit wahnsinniger Verantwortungslosigkeit zum Krieg, dass der serbische Ministerpräsident Pašić Recht hat ..."

Was bitte? Pašić soll Recht haben? Ein Sakrileg! Kein Wunder, dass das k.u.k. Kriegsministerium Tisza ersuchte, die Zeitung schlicht und einfach zu verbieten. Tisza, der Beinharte, bewies aber, dass er nicht nur die Taktik des Auf-den-Tisch-Hauens verstünde, und antwortete einige Tage später: „... ich ... diesen ... Artikel benützt habe, um das Blatt schärfstens zu mahnen ... Dies hatte volle Wirkung gehabt und ‚Népszava' schreibt in der letzten Zeit patriotisch-loyale Artikel ... So wird die socialdemokratische Arbeiterschaft von ihrem eigenen Organe in gutem Sinne beeinflusst."

*****

Es wurde immer bunter, die Meldungen und Telegramme zeigten immer größere Nervosität! Die Berliner Börse brach zusammen. Italien berief 60.000 Reservisten ein! Österreich-Ungarn sogar 100.000 Reservisten!

In Serbien wurden 2000 Komitadžis[22] einberufen und ausgerüstet, es sollten weitere 4000 folgen. Diese Meldung war keine Ente: Sarajevo hatte schon am Vortag die Ankunft bewaffneter Komitadžis signalisiert.

Major Kovačević (Präsident eines lokalen serbischen Sokolvereines)[23] hielt eine flammende Rede und rief seine Landsleute auf: „… zum Kampf gegen den gefährlichen, herzlosen, lüsternen, lästigen und gefräßigen Feind im Norden, der Millionen serbischen Brüdern Freiheit und Recht nimmt und sie in Sklaverei und Ketten hält."

Monsieur Dumaine, Frankreichs Botschafter in Wien, ging in seinen Telegrammen mit den Eigenschaftswörtern sparsamer um, trug aber nicht dazu bei, seinem Pariser Adressaten, Bienvenu-Martin[24], etwas Klares beizubringen: „Man erwartet die k.u.k. Note an Belgrad noch diese Woche." (Also das hat gestimmt.) „Der serbische Gesandte Jovanović glaubt, Belgrad wird die Note akzeptieren." (Bitte, wie kann der gute Jovanović das glauben, obwohl er noch nicht einmal weiß, was in dieser Note stehen wird?) „Pašić wünscht zwar eine friedliche Lösung, ist aber auch zum totalen Widerstand bereit: Er vertraut der serbi-

---

22 Komitadži oder Komitadschi = Untergrundkämpfer, Aufständischer, Revolutionär. Das Wort ist bulgarischen Ursprungs, wurde aber fast überall auf dem Balkan verwendet. Ihre *Einberufung* ist eigentlich die Quadratur des Kreises: Irreguläre Truppen beziehungsweise deren Angehörige pflegen ja nicht einberufen zu werden.

23 Sokol = patriotisch-nationalistischer slawischer Sportverein.

24 In Abwesenheit des Staatspräsidenten und des Ministerpräsidenten vertrat der Justizminister Bienvenu-Martin seine reisenden Politikerkollegen.

schen Armee, er vertraut aber auch den Slawen der Monarchie, die die antiserbischen Aktionen Wiens lähmen werden." Und Kollege Schebeko erklärte noch vor seiner Abreise, mit der Bestrafung der Schuldigen einverstanden zu sein, mit der Auflösung revolutionärer Vereinigungen in Serbien ebenfalls einverstanden zu sein, aber keine Maßnahmen zu akzeptieren, die das serbische Nationalgefühl verletzen.

*****

Man spricht und man liest heute oft über Transparenz: Führende Politiker sollten ihre Finanzen darlegen!, hört man den Ruf. Nein, das geht niemanden etwas an!, dröhnt die andere Seite (meist jene, um deren Finanzen es geht).

Und wie war es in der „guten alten" Zeit, als nicht vom Volke gewählte Vertreter, sondern traditionelle, uralte Herrscherhäuser das Schicksal ihrer Untertanen lenkten? Über den Nachlass, über Lebensversicherungen Franz Ferdinands und seiner Gattin wurde auf den Groschen genau (pardon … auf Eurocent genau) in den Zeitungen berichtet, es wurde auch exakt angegeben, wie viel Geld die Kinder erhielten. Aber da der Autor der Meinung ist, man sollte die Finanzen minderjähriger Kinder nicht in die Welt hinausposaunen, gibt er die Zahlen nicht an.

*****

Was haben wir noch nicht erwähnt? Die serbische Nationalpartei! Eine in Österreich-Ungarn tätige, legal zugelassene Partei, deren Anhänger überwiegend in Bosnien-Herzegowina lebten. Ihre Führer besuchten in Wien den österreichischen Ministerpräsidenten Stürgkh, um sich zu bedanken: Die maßgeblichen

Staatsmänner unterschieden immer zwischen den Attentätern und dem serbischen Volk – die meisten Serben der Monarchie standen loyal zur Staatsmacht! Die Serben des malerischen Donauknie-Städtchens Szentendre in Ungarn gaben ihre Treueerklärung in einem Brief an den Obergespan erst nach rund einem Monat ab: „In dieser ungarischen Erde ruhen unsere serbischen Ahnen, diese Erde pflegte uns und unsere Kinder. Sie ist auch unsere geliebte Heimat; diese von Traditionen geweihte teure ungarische Erde, für die zu leben und sterben unsere Väter und Mütter uns gelehrt haben."

Weitere zwei Wochen später meldeten sich die Rumänen des ostungarischen Komitates Szilágy ebenfalls in einem an ihren Obergespan gerichteten Brief: „Wie in der Vergangenheit, so sind wir auch jetzt und immer bereit, auch den letzten Tropfen unseres Blutes für die Verteidigung des Allerhöchsten Thrones, der Dynastie und unserer geliebten Heimat zu opfern, und wir sind zu jedem Opfer bereit, um den Allerhöchsten Thron und die Grenzen unseres geliebten ungarischen Vaterlandes gegen jeden Feind zu verteidigen."

*****

Keine Zeitung, keine Nachrichtenagentur berichtete: Ein Breisgauer Arzt wurde Vater, nämlich der Herr Dr. Regnier. Rund vierzig oder fünfzig Jahre später gehörte das 1914er-Baby zu den bekanntesten deutschen Filmschauspielern: Charles Regnier.

*****

Und zuletzt widmen wir uns der wichtigsten Nachricht dieses Tages: Laut Statistik erlegte Kaiser Wilhelm II. als leidenschaftlicher Jäger im Jahre 1913 111 Füchse, 39 Rothirsche, 3185 Fasane, 73 Rebhühner usw. – insgesamt 4006 Stück Wild. Gesamte Jägerleistung seines Lebens bis zum 31.12.1913: 73.308 erlegte Tiere. Wie es weiterging, ist dem Autor leider nicht bekannt.

Donnerstag, der 23. Juli 1914

Staatsbesuch beendet! Poincaré und Viviani konnten jetzt stressfrei in der Ostsee Fluten die flimmernden Flossen fröhlicher, flotter oder fetter Fische flink fotografieren. Ab nach Hause! Über ihre Gespräche mit Nikolaus II. wurde kein Protokoll geführt – waren das noch bürokratiefreie Zeiten! Nicht beendet wurde der Streik in Russland mit weit mehr als 100.000 Teilnehmern – und etlichen Todesopfern. Australische Streikende erwischte es weniger schlimm: Sie wurden zu einer Geldstrafe verdonnert.

*****

Und während das Politikerduo Poincaré & Viviani heimwärts eilte, schlug die große Stunde des Freiherrn Giesl von Gieslingen: Der k.u.k. Gesandte durfte endlich das Ultimatum (jetzt schreibe ich justament „Ultimatum" statt „Begehrnote"!) überreichen. Am liebsten hätte er sicher sofort eine Kriegserklärung abgegeben, er war hundertprozentig überzeugt, dass der Krieg bald ausbrechen würde.

Über den Ablauf der Überreichung gibt es zwei grundverschiedene Versionen. Da aber die Memoiren des Ljubomir (Ljuba) Jovanović erst zehn Jahre nach dem Krieg erschienen sind und Jovanović mangels schriftlicher Dokumente alles aus der Erinnerung beschrieb, bleiben wir bei der anderen Version, nämlich bei jener, die anhand von Quellen nachweisbar ist.

Also: Um 6:00 Uhr Nachmittag erschien Giesl im serbischen Finanzministerium. Warum um 6:00 Uhr? Siehe 19. Juli. Warum im Finanzministerium? Weil der Ministerpräsident und Außenminister Pašić sich gerade in Südserbien aufhielt, um dort der wichtigsten Aufgabe eines Politikers nachzugehen: Er führte Wahlkampf und wurde vom serbischen Säckelwart vertreten.

Die Begehrnote Österreich-Ungarns an Serbien
23. Juli 1914

Außenminister Berchtold an den Belgrader Gesandten Österreich-Ungarns, Freiherr Wladimir Giesl von Gieslingen:

Euer Hochwohlgeboren wollen die nachfolgende Note am Donnerstag, den 23. Juli nachmittags, der königlichen Regierung überreichen:

„Am 31. März 1909 hat der kön. serbische Gesandte am Wiener Hofe im Auftrage seiner Regierung der k.u.k. Regierung folgende Erklärung abgegeben:

,Serbien anerkennt, dass es durch die in Bosnien geschaffene Tatsache in seinen Rechten nicht berührt wurde, und dass es sich demgemäß den Entschließungen anpassen wird, welche die Mächte in Bezug auf den Artikel 25. des Berliner Vertrages treffen werden. Indem Serbien den Ratschlägen der Großmächte Folge leistet, verpflichtet es sich, die Haltung des Protestes und des Widerstandes, die es hinsichtlich der Annexion seit dem vergangenen Oktober eingenommen hat, aufzugeben, und es verpflichtet sich ferner, die Richtung seiner gegenwärtigen Politik gegenüber Österreich-Ungarn zu ändern und künftighin mit diesem letzteren auf dem Fuße freundnachbarlicher Beziehungen zu leben.

Die Geschichte der letzten Jahre nun und insbesondere die schmerzlichen Ereignisse des 28. Juni haben das Vorhandensein einer subversiven Bewegung in Serbien erwiesen, deren Ziel es ist, von der österreichisch-ungarischen Monarchie gewisse Teile ihres Gebietes loszutrennen. Diese Bewegung, die unter den Augen der serbischen Regierung entstand, hat in der Folge jenseits des Gebietes des Königreichs durch Akte des Terrorismus, durch eine Reihe von Attentaten und durch Morde Ausdruck gefunden.

Weit entfernt, die in der Erklärung vom 31. März 1909 enthaltenen formellen Pflichten zu erfüllen, hat die königlich serbische Regierung nichts getan, um die Bewegung zu unterdrücken. Sie duldete das verbrecherische Treiben, der verschiedenen, gegen die Monarchie gerichteten Vereine und Vereinigungen, die zügellose Sprache der Presse, die Verherrlichung der Urheber von Attentaten, die Teilnahme von Offizieren und Beamten an subversiven Umtrieben, sie duldete eine ungesunde Propaganda im öffentlichen Unterricht und duldete schließlich alle Manifestationen, welche die serbische Bevölkerung zum Hasse gegen die Monarchie und zur Verachtung ihrer Einrichtungen verleiten konnten.

Diese Duldung, der sich die königlich-serbische Regierung schuldig machte, hat noch in jenem Moment angedauert, in dem die Ereignisse des 28. Juni der ganzen Welt die dauerhaften Folgen solcher Duldung zeigten.

Es erhellt aus den Aussagen und Geständnissen der verbrecherischen Urheber des Attentates vom 28. Juni, dass der Mord von Sarajevo in Belgrad ausgeheckt wurde, dass die Mörder die Waffen und Bomben, mit denen sie ausgestattet waren, von serbischen Offizieren und Beamten erhielten, die der Narodna Odbrana angehörten, und dass schließlich die Beförderung der Verbrecher und deren Waffen nach Bosnien von leitenden serbischen Grenzorganen veranstaltet und durchgeführt wurde.

Die angeführten Ergebnisse der Untersuchung gestatten es der k. und k. Regierung nicht, noch länger die Haltung zuwartender Langmut zu beobachten, die sie durch Jahre jenen Treibereien gegenüber eingenommen hatte, die ihren Mittelpunkt in Belgrad haben und von da auf die Gebiete der Monarchie übertragen werden. Diese Ergebnisse legen der k. und k. Regierung vielmehr die Pflicht auf, Umtrieben ein Ende zu bereiten, die eine ständige Bedrohung für die Ruhe der Monarchie bilden.

Um diesen Zweck zu erreichen, sieht sich die k. und k. Regierung gezwungen, von der serbischen Regierung eine offizielle Versicherung zu verlangen, dass sie die gegen Österreich-Ungarn gerichtete Propaganda verurteilt, das heißt die Gesamtheit der Bestrebungen, deren Endziel es ist, von der Monarchie Gebiete loszulösen, die ihr angehören, und dass sie sich verpflichtet, diese verbrecherische und terroristische Propaganda mit allen Mitteln zu unterdrücken.

Um diesen Verpflichtungen einen feierlichen Charakter zu geben, wird die königlich serbische Regierung auf der ersten Seite ihres offiziellen Organs vom 26./13. Juli nachfolgende Erklärung veröffentlichen:

‚Die königlich serbische Regierung verurteilt die gegen Österreich-Ungarn gerichtete Propaganda, das heißt die Gesamtheit jener Bestrebungen, deren letztes Ziel es ist, von der österreichisch-ungarischen Monarchie Gebiete loszutrennen, die ihr angehören, und sie bedauert aufrichtigst die grauenhaften Folgen dieser verbrecherischen Handlungen.

Die königlich serbische Regierung bedauert, dass serbische Offiziere und Beamte an der vorgenannten Propaganda teilgenommen und damit die freundnachbarlichen Beziehungen gefährdet haben, die zu pflegen sich die königliche Regierung durch ihre Erklärung vom 31. März 1909 feierlichst verpflichtet hatte.

Die königliche Regierung, die jeden Gedanken oder jeden Versuch einer Einmischung in die Geschicke der Bewohner was immer für eines Teiles Österreich-Ungarns missbilligt und zurückweist, erachtet es für ihre Pflicht die Offiziere, Beamten und die gesamte Bevölkerung des Königreiches ganz ausdrücklich aufmerksam zu machen, dass sie künftighin mit äußerster Strenge gegen jene Personen vorgehen wird, die sich derartiger Handlungen schuldig machen sollten, Handlungen, denen vorzubeugen und die zu unterdrücken sie alle Anstrengungen machen wird.‘

Diese Erklärung wird gleichzeitig zur Kenntnis der königlichen Armee durch einen Tagesbefehl Sr. Majestät des Königs gebracht und in dem offiziellen Organ der Armee veröffentlicht werden.

Die königlich serbische Regierung verpflichtet sich überdies:

1. jede Publikation zu unterdrücken, die zum Hass und zur Verachtung der Monarchie aufreizt und deren allgemeine Tendenz gegen die territoriale Integrität der letzteren gerichtet ist,

2. sofort mit der Auflösung des Vereins Narodna Odbrana vorzugehen, dessen gesamte Propagandamittel zu konfiszieren und in derselben Weise gegen die anderen Vereine und Vereinigungen in Serbien einzuschreiten, die sich mit der Propaganda gegen Österreich-Ungarn beschäftigen; die königliche Regierung wird die nötigen Maßregeln treffen, damit die aufgelös-

ten Vereine nicht etwa ihre Tätigkeit unter anderem Namen oder in anderer Form fortsetzen,

3. ohne Verzug aus dem öffentlichen Unterricht in Serbien, sowohl was den Lehrkörper als auch die Lehrmittel betrifft, alles zu beseitigen, was dazu dient oder dienen könnte, die Propaganda gegen Österreich-Ungarn zu nähren,

4. aus dem Militärdienst und der Verwaltung im allgemeinen alle Offiziere und Beamten zu entfernen, die der Propaganda gegen Österreich-Ungarn schuldig sind und deren Namen unter Mitteilung des gegen sie vorliegenden Materials der königlichen Regierung bekanntzugeben sich die k. und k. Regierung vorbehält,

5. einzuwilligen, dass in Serbien Organe der k. und k. Regierung bei der Unterdrückung der gegen die territoriale Integrität der Monarchie gerichteten subversiven Bewegung mitwirken,

6. eine gerichtliche Untersuchung gegen jene Teilnehmer des Komplotts vom 28. Juni 1914 einzuleiten, die sich auf serbischem Territorium befinden; von der k. und k. Regierung hiezu delegierte Organe werden an den bezüglichen Erhebungen teilnehmen,

7. mit aller Beschleunigung die Verhaftung des Majors Voija Tankosić und eines gewissen Milan Ciganović, serbischen Staatsbeamten, vorzunehmen, welche durch die Ergebnisse der Untersuchung kompromittiert sind,

8. durch wirksame Maßnahmen die Teilnahme der serbischen Behörden an dem Einschmuggeln von Waffen und Explosivkörpern über die Grenze zu verhindern; jene Organe des Grenzdienstes von Schabatz und Ložnica, die den Urhebern des Verbrechens von Sarajevo bei dem Übertritt über die

Grenze behilflich waren, aus dem Dienste zu entlassen und strenge zu bestrafen,

9. der k. und k. Regierung Aufklärungen zu geben über die nicht zu rechtfertigenden Äußerungen hoher serbischer Funktionäre in Serbien und im Auslande, die ihrer offiziellen Stellung ungeachtet, nicht gezögert haben, sich nach dem Attentat vom 28. Juni in Interviews in feindlicher Weise gegen Österreich-Ungarn auszusprechen,

10. die k. und k. Regierung ohne Verzug von der Durchführung der in den vorigen Punkten zusammengefassten Maßnahmen zu verständigen.

Die k. und k. Regierung erwartet die Antwort der königlichen Regierung spätestens bis Samstag, den 25. d. M., um 6 Uhr nachmittags.

Eine Memoire über die Ergebnisse der Untersuchung von Sarajevo, soweit sie sich auf die in Punkt 7 und 8 genannten Funktionäre beziehen, ist dieser Note beigeschlossen.

Die bei dem Gerichte in Sarajevo gegen Gavrilo Princip und Genossen wegen des am 28. Juni d. J. begangenen Meuchelmordes, beziehungsweise wegen Mitschuld hieran anhängige Strafuntersuchung hat bisher zu folgenden Feststellungen geführt:

1. Der Plan, den Erzherzog Franz Ferdinand während seines Aufenthaltes in Sarajevo zu ermorden, wurde in Belgrad von Gavrilo Princip, Nedeljko Čabrinović, einem gewissen Milan Ciganović und Trifko Grabež unter Beihilfe des Majors Voija Tankosić gefasst.

2. Die sechs Bomben und vier Browning-Pistolen samt Munition, deren sich die Verbrecher als Werkzeuge bedienten, wurden dem Princip, Čabrinović und Grabež in Belgrad von einem

gewissen Milan Ciganović und dem Major Voija Tankosić verschafft und übergeben.

3. Die Bomben sind Handgranaten, die dem Waffendepot der serbischen Armee in Kragujevac entstammen.

4. Um das Gelingen des Attentats zu sichern, unterwies Ciganović den Princip, Čabrinović und Grabež in der Handhabung der Granaten und gab in einem Walde neben dem Schießfelde von Topschieder dem Princip und Grabež Unterricht im Schießen mit Browning-Pistolen.

5. Um dem Princip, Čabrinović und Grabež den Übergang über die bosnisch-hercegovinische Grenze und die Einschmuggeung ihrer Waffen zu ermöglichen, wurde ein ganzes geheimes Transportsystem durch organisiert. Der Eintritt der Verbrecher samt ihrer Waffen nach Bosnien und der Hercegovina wurde von den Grenzhauptleuten von Schabatz (Rade Popović) und Ložnica sowie von dem Zollorgan Budivoj Grbić von Ložnica mit Beihilfe mehrerer anderer Personen durchgeführt.

Gelegentlich der Übergabe der vorstehenden Note wollen Euer Hochwohlgeboren mündlich hinzufügen, dass Sie beauftragt seien – falls Ihnen nicht inzwischen eine v o r b e h a l t l o s e zustimmende Antwort der königlichen Regierung zugekommen sein sollte – nach Ablauf der in der Note vorgesehenen vom Tage und von der Stunde Ihrer Mitteilung an zu rechnenden 48stündigen Frist, mit dem Personale der k. und k. Gesandtschaft Belgrad zu verlassen.'"

Finanzminister Paču vertrat eine Minorität der 1914er-Politiker: keine Französischkenntnisse! Aber es war kein Problem, einen Dolmetscher aufzutreiben.

Die Übersetzung des Textes traf Paču wie ein Keulenschlag. „Die meisten Minister sind auf Wahlreise, man kann sie nicht so bald nach Belgrad holen!" Giesl lächelte kalt: „Bei der Größe des Landes kann das im Zeitalter der Bahn, der Telegraphie kein Problem sein, aber das ist eh ein internes Problem Serbiens." Und die Antwort hatte spätestens am 25. Juli um 18:00 Uhr zu erfolgen – aus, basta! Giesl dachte sicherlich auch daran, dass in den 25 Tagen seit dem Attentat die serbische Regierung keine Fahndung durchgeführt und die k.u.k. Erhebungen nicht unterstützt hatte – also sollten sich die Serben jetzt in den nächsten 48 Stunden beeilen!

Auf jeden Fall rief Paču Pašić in Nisch an, er möge sofort in die Hauptstadt kommen. Er kam auch sofort, aber das dauerte natürlich schon einige Stunden. Außerdem informierte Paču alle serbischen Auslandsvertretungen und fügte hinzu: „Keine serbische Regierung könnte all diese Forderungen erfüllen!" Natürlich bat er sofort den russischen Gesandten Strandtmann, den provisorischen Nachfolger des verstorbenen Grafen Hartwig (siehe 10. Juli), zu sich und ersuchte ihn, das Zarenreich möge Serbien beistehen!

Kurz und bündig: Der Herr Finanzminister hat seine Prüfung als Reserve-Außenminister sehr gut bestanden.

Strandtmann informierte sicher unverzüglich St. Petersburg, die Russen schickten logischerweise sofort einen Funkspruch Richtung „France", um die neuesten Nachrichten Poincaré und Viviani mitzuteilen.

Der serbische Ministerpräsident und Außenminister Nikola Pašić (1845–1926)

Die drahtlose Telegrafie steckte damals noch in den Kinderschuhen.[25] Eine ausführliche Besprechung mit dem Zaren war noch nicht möglich. Nach dem Motto, sicher ist sicher funkte Poincaré nach Paris, man möge den serbischen Freunden mitteilen, womöglich Zurückhaltung zu üben. Und Viviani muss sich wie ein kleiner Prophet vorgekommen sein: Er hatte richtig getippt: Berchtold tut den entscheidenden Schritt erst, wenn die „France" Russland verlässt.

*****

Nach Belgrad, nach der Ostsee werfen wir einen Blick auf Berlin: Moltke-Stellvertreter Waldersee trat wieder seinen Dienst in der Hauptstadt an. Und Außenminister Jagow teilte seinem Kaiser die Ansichten seines britischen Ministerkollegen mit, … dass die österreichisch-ungarischen Forderungen, falls sie gemäßigt seien und sich mit der Selbstständigkeit des serbischen Staates vereinbaren ließen, von der serbischen Regierung angenommen würden … Voraussetzung für diese Haltung sei aber …, dass die österreichisch-ungarische Regierung in der Lage sei, den Zusammenhang zwischen dem Mord von Sarajevo mit den politischen Kreisen Belgrads unzweideutig festzustellen.

Als Jagow diese Kommentare Greys Wilhelm II. mitteilte, waren sie schon durch die Übergabe der Begehrnote in Belgrad überholt: Und Wilhelm II kritzelte handschriftlich auf das Papier: „Serbien ist eine Räuberbande, die für Verbrechen gefasst werden muss."

Nun, das ist sicher nicht der Wortschatz eines heutigen Staatsoberhauptes. Aber der Wortschatz von Pašić war auch nicht von

---

25 … und die nicht drahtlose war teuer! In diesen Tagen wurde z. B. die Telefonleitung zwischen New York und San Francisco fertiggestellt. Kosten eines Gesprächs pro Minute: 18 Dollar, das waren 75 Kronen (zirka 375 Euro).

schlechten Eltern! In einem Interview für die rumänische Zeitung „Adeverul" erwähnte er „Das Unglück von Sarajevo" – eine ärgere Verharmlosung ist kaum vorstellbar.

Fest steht: Der Krieg stand ante portas. Und wie war der Zustand der k.u.k. Armee? War sie modernisiert? Laut „Armeeblatt" schaute die Sache trist aus: „Unsere Artillerie ... ist ... noch immer auf den Pferdezug angewiesen. Unsere Geschütze werden noch immer von sechs Pferden gezogen. Es taucht ... die Frage auf, warum man die Feldgeschütze nicht per Automobil fortbewegen könne ... Diese Veränderung wäre von größter Bedeutung."

Na ja, die Modernisierung der Armee war in Österreich schon 1866 ein Problem! Die preußische Armee kämpfte mit Hinterladergewehren, die Österreicher hatten noch immer die Vorderlader – das Ergebnis der Schlacht von Königgrätz ist bekannt. Hat man daraus gelernt? Besaß die Armee die modernsten Waffen?

Die nächsten vier Jahre sollten diese Frage beantworten.

*****

Am selben Nachmittag, als Baron Giesl den Höhepunkt seiner diplomatischen Karriere erlebte, hatten die Wiener andere Probleme: Eine Hitzeperiode ging zu Ende. Bereits um 3:00 Uhr Nachmittag verfinsterte sich der Himmel dermaßen, dass man das elektrische Licht aufdrehen musste (falls man es hatte). Bald begann ein irrer Sturm, Blitze zuckten durch die Hauptstadt, um 3:30 Uhr Nachmittag öffneten sich die imaginären Schleusen des Himmels, und ein wilder Wolkenbruch wütete anderthalb Stunden lang. Noch ärger ging es in der anderen Hauptstadt der alten Monarchie zu: Im Budapester Parlament gingen einige Fensterscheiben zugrunde, die Abgeordneten im Sitzungssaal verließen ihre Plätze, ein Volksvertreter wurde durch den Windstoß zu Boden geschleudert. Das Gebäude selbst wurde beschädigt genauso wie das Dach der Hofoper und das Dach der St.-Stephans-Kirche. Steinbrocken der Türme der Matthiaskirche (Krönungskirche) purzelten auf die Straße, etliche Häuser wurden beschädigt, es gab mehrere Tote.

Hätte die k.u.k. Monarchie ein paar beamtete Auguren[26] beschäftigt, wie die Römer 2000 Jahre davor, dann hätte Exzellenz Giesl nach diesen negativen Vorzeichen sicher kein Ultimatum überreicht ...

*****

Trotz Unwetter, Blitz und Donner tagte in Budapest der ungarische Ministerrat. Es muss eine Abendsitzung gewesen sein, Tisza teilte nämlich mit, der österreichisch-ungarische Gesandte hätte die Note um 6:00 Uhr Nachmittag überreicht. Verteidigungsminister Baron Samuel von Hazai[27] bemerkte, der Plan der im Kriegsfalle zu erlassenden Verordnungen sei bereits Anfang des Vorjahres von einem interministeriellen Ausschuss ausgearbeitet worden. Wir stellen also wieder fest: An einen Krieg war bereits früher gedacht worden!

---

26 Augur = Wahrsager.
27 Baron Samuel von Hazai (1851–1942). Als Generaloberst war er der höchstrangige Offizier jüdischer Abstammung in der Habsburgermonarchie. Hätte er zwei Jahre länger gelebt, wäre er in ein KZ deportiert worden.

Freitag, der 24. Juli 1914

Im europäischen Blätterwald findet man schon Kommentare der kriegsfeindlichen Kräfte, Kommentare von jenen, die nicht nur im künftigen Feind das Böse sehen. „In Österreich sind die chauvinistischen Kreise ganz besonders bankrott, ihr nationales Geheul soll ... ihre Kassen füllen", erfuhren die Leser der „Leipziger Volkszeitung". Mehrere Artikel ohne patriotische Färbung las man einstweilen auch in der sozialdemokratischen Presse in Wien, in Budapest oder in Paris.

Der russische Außenminister
Sergei Sasonow (1860–1927)

Was konnte an diesem Tag noch gelesen werden? Berchtold las zum Beispiel die Meldungen seiner Botschafter, die den Text der Begehrnote im jeweiligen Gastland weisungsgemäß überreicht hatten. Diese Lektüre wird bei ihm kein Freudengeheul ausgelöst haben. Szapáry teilte aus St. Petersburg mit, Außenminister Sasonow hätte einen niedergeschlagenen Eindruck gemacht, und erwidert: „... vous mettez le feu à l'Europe. C'est une grande responsabilité." („Sie stecken Europa in Brand. Das ist eine große Verantwortung.")

Graf Szapáry schickte an Berchtold am späten Abend noch ein zweites Telegramm, auch kein lustiges! Wien hätte Serbien mehr Zeit geben sollen, um das Ultimatum zu beantworten – eine serbische Schuld am Mord am 28. Juni sei nicht nachweisbar, hatte der an diesem Tag sicher stressgeplagte Sasonow gemeint. Szapáry versuchte das monarchistische Allheilmittel zu verwenden und beklagte den Fürstenmord – allerdings ohne Erfolg: „L'idée monarchique n'a rien à faire avec cela. ... C'est que vous voulez la guerre et vous avez brûlé votre (sic!) ponts", meinte der russische Außenminister („Die monarchische Idee hat damit nichts zu tun ... Sie wollen den Krieg, und Sie haben Ihre Brücken niedergebrannt.")

*****

Mensdorff-Pouilly konnte über seinen Besuch bei Minister Grey in London auch nichts Lustigeres berichten. Serbiens Mitschuld am Verbrechen von Sarajevo war Grey zwar klar gewesen, aber die Monarchie verlangt in Punkt 5 das Aufhören staatlicher Unabhängigkeit Serbiens. Mensdorff-Pouilly entgegnete flott: „Ich erwiderte, Collaboration von z. B. Polizeiorganen tangiere keineswegs Staatssouveränität, konnte aber Grey nicht überzeugen. Der Außenminister setzte fort, diese Note ... ist das furchtbarste Dokument, das je von einem Staat an einen anderen unabhängigen Staat gerichtet wurde." Nachher begann Grey jene Tätigkeit, die in den nächsten Tagen sein Hauptprogramm werden sollte: vermitteln, vermitteln, vermitteln! Oder genauer: das Vermitteln versuchen! Er schrieb seinem Botschafter in Russland, Buchanan: „Die einzige Friedensmöglichkeit liegt darin, dass die anderen vier Mächte gemeinsam Österreich und Russland auffordern, die Grenze nicht zu überschreiten."

Eine Elferfrage: Wer waren laut Grey die *anderen vier* Mächte? Großbritannien – eh klar! Deutschland, Frankreich – auch klar. Das sind bisher drei. Wen meinte Grey noch? Natürlich Italien.

Der britische Außenminister
Sir Edward Grey (1862–1933)

121

Aber Greys düstere Vorahnungen waren noch nicht zu Ende. Was schrieb er Buchanan noch? „Wenn nicht weniger als vier Großmächte in einen Krieg verwickelt würden, so müsste dies … so ungeheure Geldsummen verschlingen und eine derartige Störung des Welthandels verursachen, dass der Krieg von einem vollständigen Zusammenbruch des Kreditwesens und der Industrie Europas begleitet sein oder einen solchen nach sich ziehen werde. Das würde heutigentags in großen Industriestaaten einen schlimmeren Zustand als von 1848 bedeuten und mancherlei verschwände vielleicht völlig von der Bildfläche, wer auch immer als Sieger aus dem Kriege hervorgehe."

Aber, aber, Herr Minister! Sie machen sich Sorgen, dass das Kreditwesen zusammenbricht, dass Industrie und Welthandel leiden könnten – aber kein Wort darüber, dass Millionen von Menschen ihr Leben verlieren könnten?!

*****

Da auch die Telegramme aus St. Petersburg und aus London nicht sehr erfreulich waren, mussten die Nachrichten aus Paris wie Labsal auf Berchtolds Nerven gewirkt haben. Botschafter Graf Szécsen berichtete über die Reaktion des Justizministers Bienvenu-Martin (dieser vertrat ja den aus St. Petersburg noch nicht zurückgekehrten Ministerpräsidenten und Außenminister Viviani!) kurz und bündig: „Bienvenu-Martin gab … bereitwillig zu, dass die Ereignisse der letzten Zeit und die Haltung der serbischen Regierung ein energisches Einschreiten unsererseits ganz begreiflich erscheinen lassen."

Und weiter, … dass die französische Regierung auch der Ansicht sei, die Kontroverse mit Serbien ginge nur Belgrad und

Wien an. „… Dem hiesigen serbischen Gesandten wurde bereits der Rat gegeben, seine Regierung möge in allen Punkten soweit als möglich nachgeben, freilich mit der Einschränkung, insoferne ihre Souveränitätsrechte nicht tangiert werden."

Lieber Graf Szécsen, Exzellenz, Herr Botschafter, wo leben Sie? Haben Sie nicht erfahren, wie eindeutig Präsident Poincaré Ihrem Kollegen Szapáry die Leviten gelesen hatte: „Serbien hat Freunde"?! Eindeutiger kann man in der Diplomatensprache Frankreichs Interesse, Frankreichs eventuelle Aktivität nicht ausdrücken! Und Sie schreiben, die ganze Sache ginge nur Belgrad und Wien etwas an?!

Bevor der Autor weiterhin mit einem toten Botschafter debattiert, der sich nicht mehr rechtfertigen kann, muss man feststellen: Ähnliche Kommentare las man auch anderswo. Bienvenu-Martin dürfte der austrophilste Politiker in der französischen Regierung gewesen sein, er teilte dem deutschen Botschafter, Baron Schoen, mit, … die französische Regierung finde es selbstverständlich, dass Serbien in überzeugender Weise Genugtuung geben und Bestrafung von Verbrechern … zusichern müsse.

Da konnte wirklich jeder Politiker, jeder Außenminister je nach Geschmack die optimistischen oder die pessimistischen Nachrichten herauspicken!

*****

Verlassen wir Paris, schauen wir wieder nach St. Petersburg! Nikolaus II. las ein Telegramm des serbischen Kronprinzen Alexander: „Bitte um Rat und Hilfe." Außerdem appellierte der junge Kronprinz an das „edle slawische Herz" des Zaren. Auch sonst herrschte am Ufer der Newa an diesem Tag Großbetrieb.

Außenminister Sasonow, der jahrelang ein Vertreter der forschen, nationalistischen, großrussischen Politik gewesen war, schien jetzt Angst vor der eigenen Courage bekommen zu haben. Dem serbischen Gesandten, Spalajković, riet er, äußerste Mäßigung zu üben, sein Ministerium gab eine Erklärung ab: Wenn Serbien angegriffen werden sollte, möge es keinen Widerstand leisten, um dadurch eine europäische Hilfsaktion zu erzwingen. Etwas Gegenteiliges stand im russischen Amtsblatt: In einem Konflikt zwischen Österreich-Ungarn und Serbien kann Russland nicht indifferent bleiben.

Nichtsdestotrotz wurde in Russland beschlossen, vier Militärbezirke zu mobilisieren, allerdings nur gegen Österreich-Ungarn, nicht aber gegen Deutschland!

*****

Das wichtigste Gespräch an diesem 24. Juli absolvierte Sasonow mit den Botschaftern seiner Verbündeten, mit dem Briten Buchanan und dem Franzosen Paléologue. Zuerst wurde festgestellt: Das Gipfeltreffen zwischen Nikolaus II. und Poincaré hatte völlige Übereinstimmung der Ansichten sowie das hehre Ziel, das kriegslüsterne Wien zu besänftigen, erbracht. Buchanan griff noch am selben Tag zur Feder und schrieb an Minister Grey ein langes Telegramm: „Der französische Botschafter gab mir zu verstehen, dass Frankreich Russland nicht bloss diplomatisch energisch unterstützen, sondern im Notfall auch alle ihm durch sein Bündnis auferlegten Verpflichtungen erfüllen werde. ... Ich vermöge persönlich keine Hoffnung zu erwecken, dass Seiner Majestät Regierung eine Solidaritätserklärung abgeben würde, die einschlösse, Frankreich und Russland mit Waffengewalt zu unterstützen. Wir seien an Serbien nicht unmittelbar interessiert und die öffentliche Meinung Englands würde seinetwegen niemals einen Krieg gutheißen … Nach Sprache des französischen Botschafters sah es fast aus, als wären Frankreich und Russland entschlossen, feste Haltung einzunehmen, selbst wenn wir ablehnen, uns ihnen anzuschliessen … Gegen den Schluss unserer Unterredung gesellte sich rumänischer Gesandter zu uns."

Natürlich hätte Buchanan den Serben auch mehr Zeit gegeben, die Begehrnote zu beantworten, da er eine große Gefahr sah: den Eintritt Deutschlands in den Krieg. Und er informierte nicht nur seinen Außenminister, er hatte auch eigene Gedanken und Ratschläge: „Wenn Seiner Majestät Regierung im Augenblick, wo entweder Österreich oder Russland zu mobilisieren beginnen, Befehl erteilt, unsere ganze Flotte unverzüglich auf Kriegsfuss zu setzen, so mag dies denkbarerweise Deutschland die Augen über den Ernst der Gefahr öffnen, der es ausgesetzt wäre, falls England am Krieg teilnähme."

(Ja, ja, die englische Flotte hatte damals einen furchterregenden Ruf!)

„Was geschieht", setzte Buchanan fort, „wenn der Krieg ausbricht und England nicht teilnimmt?"

Dann hätte es zwei Möglichkeiten gegeben: Österreich-Ungarn und Deutschland tragen den Sieg davon. In diesem Falle wäre die französische Flotte vernichtet gewesen und Deutschland am Ärmelkanal gestanden (mit der erzwungenen Unterstützung Belgiens und der Niederlande). Daran war die britische Regierung sicher nicht interessiert!

Oder umgekehrt: Es siegt die französisch-russische Allianz. Was wäre dann mit dem Mittelmeer, was mit Indien geschehen?

„Es geht nicht um Serbien", meinte Buchanan weiter, „es geht um das Ziel Deutschlands, seine politische Vorherrschaft in Europa zu errichten."

Und da sind wir beim Eckpunkt der traditionellen Politik Englands: Es sollte verhindert werden, dass ein Land auf dem Kontinent zu stark würde. In diesem Sinne besiegte die englische Flotte 1588 die angeblich unüberwindliche Armada Spaniens, in diesem Sinne verlor England die Lust, an Österreichs Seite im Spanischen Erbfolgekrieg weiterzukämpfen, als Josef I. 1711 starb und die Möglichkeit bestand, dass sowohl die Kaiserkrone als auch die spanische Königskrone das Haupt Karls VI. zieren würden und die Machtfülle Karls V. wieder entstünde, in diesem Sinne kämpfte England als einziges Land kompromisslos gegen Napoleon – und in diesem Sinne wollte England 1914 eine deutsche Dominanz auf dem Kontinent verhindern.

Aber ganz konsequent war Buchanan nicht: Seine obigen Erklärungen zeigen, dass er den Kriegseintritt Großbritanniens wollte. Fast im selben Atemzug aber teilte er seinem französischen Kollegen, Paléologue, mit, ein Kriegseintritt Englands stünde vor einem riesigen Hindernis, nämlich der öffentlichen Meinung! Der „Mann auf der Straße" hätte für eine britische Kriegserklärung kein Verständnis gehabt, Serbien ginge das Inselreich nichts an!

*****

Grey vermerkte am nächsten Tag am Papierrand: „Herr Churchill hat mir heute gesagt, dass die Flotte binnen vierundzwanzig Stunden mobilisiert werden könne." Anscheinend befolgte Grey

Buchanans Rat und fragte den zuständigen Lord der Admiralität (= Marineminister), Churchill.

*****

In Belgrad tagte der Ministerrat und beschloss, die Reservisten einzuberufen. Außerdem beschloss man, den König von Italien zu bitten, Wien eine Verlängerung der 48-Stunden-Frist vorzuschlagen. (Warum gerade den italienischen König? Das wussten nur die Minister.) In dieser Sitzung rechnete man bereits mit dem Krieg, sonst hätte die Regierung nicht davon geredet, Belgrad zu verlassen[28]. Man wartete sehnsuchtsvoll auf eine Erklärung des Zaren – aber Nikolaus II. rührte sich nicht …

Die serbischen Minister saßen übrigens zwischen zwei Stühlen: nicht bei der Sitzung, dort hatten sie sicher bequeme Sitzgelegenheiten, sondern symbolisch: Lehnten sie die Wiener Forderungen ab, bräche der Krieg aus. Wenn sie aber alles akzeptierten, insbesondere den Erlass eines königlichen Tagesbefehls, dann würde „eine militärische Erhebung befürchtet", lesen wir in der diplomatischen Korrespondenz.

*****

Nikolaus II. rührte sich sehr wohl – nur nicht Serbien gegenüber. Kaum war die Mobilisierung von vier Militärbezirken beschlossen (s. o.), wollte der Zar schon zurückrudern. Er holte sich den Chef des Generalstabes, Infanteriegeneral Januschkewitsch, und erteilte ihm seinen Ukas: Die Mobilisierung ist zu stoppen!

„Unmöglich, Majestät!", wischte Januschkewitsch seine Krokodilsträtnen ab, „bereits alles erledigt!"

---

28 Belgrad war damals noch eine Grenzstadt! Nur die Save trennte es von Ungarn.

Das war eine Lüge. Der ursprüngliche Mobilisierungsbefehl lag noch auf dem Schreibtisch des kriegslüsternen Generalstabschefs.

Kriegsminister Suchomlinow war mit Januschkewitsch ein Herz und eine Seele. Später erklärten beide, gewusst zu haben, dass eine Mobilisierung zum Krieg führen würde. Der langen Rede kurzer Sinn: Die kriegsfreudigen Militärs setzten sich gegen den friedfertigen Zaren locker durch.

Nach dem friedfertigen Zaren sei noch der friedfertige Botschafter Deutschlands in London mit seinem Telegramm erwähnt:

„… wird mir im Foreign Office gesagt, dass man Grund zur Annahme habe, dass Österreich die Widerstandskraft Serbiens sehr unterschätze. Es werde auf jeden Fall ein langwieriger, erbitterter Kampf werden, der Österreich

Wladimir Alexandrowitsch
Suchomlinow (1848–1926)

ungemein schwächen und an dem es *sich verbluten* werde."

Es gab halt nicht nur falsche Propheten!

*****

Weniger friedfertig als Nikolaus II. oder Lichnowsky waren jene rund vier Dutzend (nach anderen Quellen 400) jugendliche Wiener, die aus dem Prater mit antiserbischen Parolen via Tegetthoff-Denkmal zum Deutschmeisterdenkmal zogen. Dass fast gleichzeitig ähnliche Demonstrationen in Belgrad stattfanden, ist selbstverständlich (dort natürlich gegen Österreich-Ungarn).

*****

Und ein interessanter Zeitungsartikel der „Neuen Freien Presse", voll Optimismus, was die Entwicklung des Tourismus (damaliges Deutsch: Fremdenverkehr) betrifft: „Die Mehrzahl der Pensionen ist zur Verwendung der Aftermieterzettel[29] verhalten, deren einzelne Rubriken ... von dem internationalen Reisepublikum als eine arge Drangsalierung empfunden werden. Die Pensionsinhaber haben ... die Pflicht, die ‚Meldezettel' bei dem zuständigen Polizeikommissariat einreichen zu müssen. In den meisten Fällen werden die Boten, Diener oder Stubenmädchen zurückgeschickt, wenn ... das Glaubensbekenntnis einer amerikanischen Religionsgenossenschaft eingetragen ist, welches dem diensthabenden Polizeiorgan nicht bekannt ist ..." Im Klartext: Weg mit den unnötigen Fragen! Leider wurde dieses Problem nicht das Hauptproblem der nächsten Jahre.

*****

Der k.u.k. Kriegsminister, Alexander von Krobatin, untersagte seinen Untergebenen die Benützung des Telefons, wenn über militärische Geheimsachen gesprochen wurde. Wir schließen also: Abgehört werden konnte bereits 1914! Krobatin informierte Tisza, und Tisza informierte noch am selben Tag alle ungarischen Minister.

Samstag, der 25. Juli 1914
Die Beamten des k.u.k. Kriegsministeriums in Wien teilten bezüglich Schutz der Bahnlinien, Recht des Waffengebrauchs der Truppen usw. den untergebenen Dienststellen diverse Anordnungen mit. Die Mitteilungen erfolgten per Telefon ...

---

29 Aftermieter = Untermieter.

Liebe Leute, habt ihr denn die eigenen Anordnungen, Verordnungen und Vorschriften vom Vortag nicht gelesen?!

*****

Deutsche Frühaufsteher konnten schon beim Frühstück ziemlich kämpferische Antikriegsartikel lesen: „Sie wollen den Krieg, die gewissenlosen Elemente, die in der Wiener Hofburg Einfluss haben … Weil das Blut Franz Ferdinands und seiner Gattin unter den Schüssen eines irren Fanatikers geflossen ist, soll das Blut tausender von Arbeitern und Bauern fließen, ein wahnwitziges Verbrechen soll von einem weit wahnwitzigeren Verbrechen übergipfelt werden", stand im „Vorwärts".

*****

Deutschlands wichtigste Soldaten, Moltke und Falkenhayn, beendeten endlich ihren Urlaub und erschienen wieder in Berlin, Pašić beendete seine Wahlkampfreise und erschien in Belgrad (in der Regierungssitzung am Vortag hatte der Kronprinz präsidiert).

Das österreichisch-ungarische Ultimatum hatte den wolkenlosen Friedenshimmel Europas von einem Augenblick auf den anderen total zerstört. In den wichtigsten Hauptstädten brach Hektik aus. In Ungarn begann man Personen, die der Spionage verdächtigt werden konnten, zu verhaften, Jules Cambon, Frankreichs Botschafter in Berlin, schlug seiner Regierung militärische Vorbereitungen vor. Pourtalès, der deutsche Botschafter in Russland, drahtete nach Hause, Außenminister Sasonow sei sehr erregt gewesen (keine besondere Überraschung), aber dass „ein sofortiges Einschreiten von Russland nicht zu erwarten ist".

Heute, hundert Jahre später, in Kenntnis der Geschichte, ist es sehr leicht, die damaligen Politiker und Diplomaten zu kritisieren, aber gesagt muss es doch werden: Hatten die alle eine rosarote Brille auf? Haben sie nur das gesehen, was sie sehen wollten?

*****

Ungefähr in derselben Stunde, als Pourtalès seine Regierung in Berlin zu beruhigen versuchte, tagte in St. Petersburg der Kronrat. Die Falken (heutige Schreibweise, heutiger Wortschatz) mit dem Großfürsten Nikolaj Nikolajewitsch an der Spitze hatten die Mehrheit. Suchomlinow war dabei, Januschkewitsch war dabei (was die beiden betrifft, siehe 24. Juli), Innenminister Maklakow hielt eine Brandrede – der total passive Ministerpräsident Goremykin und der in den letzten Tagen gemäßigt gewordene Sasonow wurden niedergeredet, der Minister des kaiserlichen Hauses, Graf Fredericks, erhob zwar seine germanophile Stimme, aber diese Stimme war eine greisenhafte, die Stimme eines 76-Jährigen. Keine Chance! Die Teilmobilmachung wurde beschlossen.

Der russische Ministerpräsident Iwan Goremykin (1839–1917)

Halt!

Bevor wir auf die kriegslüsternen Soldaten weiterschimpfen, weisen wir unsere klassische Bildung nach: *Audiatur et altera pars,* hieß es vor rund 2000 Jahren in Rom, das heißt, die andere Seite möge auch gehört werden. Und wenn wir Suchomlinows Memoiren lesen, dann war Sasonow der „Macher" in dieser Sitzung, der die Mobilisierung durchgesetzt hat. „Ich war Soldat und hatte zu gehorchen. ... Im vorliegenden Fall musste die Entscheidung vom Außenminister getroffen werden", stellte der Kriegsminister fest. Den ärgsten Intriganten erblickte er im Oheim des Zaren, im Großfürsten Nikolaj Nikolajewitsch. In der Kronratssitzung sprach der Zarenonkel kein Wort – warum wohl nicht?

Großfürst Nikolaj Nikolajewitsch
(1856–1929)

„Für mich, der ich seit einer Reihe von Jahren Gelegenheit gehabt hatte, die Beziehungen der beiden hohen Herren zu beobachten, stand es fest, dass der Großfürst bereits ohne Zeugen auf den Zaren eingewirkt hatte. Er hatte den Zaren längst dort, wo er ihn haben wollte", lesen wir noch immer bei Suchomlinow.

Aber in den Memoiren Pourtalès' lesen wir etwas anderes: Graf Fredericks hätte erzählt, Suchomlinow und Maklakow seien für die Mobilisierung verantwortlich, Sasonow hätte sich nur treiben lassen. Das ist sicher die wahrscheinlichere Version. Und der bewusste Satz in Suchomlinows Memoiren („Ich war Soldat und hatte zu gehorchen") ist ein sehr schwaches Argument! Im Kronrat saß er nicht als Soldat, sondern als Minister, als Politiker!

*****

Vermittlungsversuche gab es mehrere. Ein russischer Diplomat besuchte in Wien Sektionschef Macchio im Außenministerium und intervenierte für eine Verlängerung der Belgrad gesetzten Frist. Macchios Antwort: „Die Mitteilung des Textes des Ultimatums an die Großmächte erfolgte nicht als Diskussionsgrundlage,

sondern als Akt der Pflicht internationaler Höflichkeit." Botschafter Szögyény in Berlin wiederum spielte mit großer Begeisterung
den Wortführer einer harten Politik und teilte Berchtold mit:
„Man sieht hier in jeder Verzögerung des Beginnes der kriegeri-
schen Operationen große Gefahr betreffs Einmischung anderer
Mächte. Man rät uns dringendst sofort vorzugehen und Welt vor
ein fait accompli[30] zu stellen. Ich teile diese Ansicht des Auswärtigen Amtes vollkommen."

*****

Und jetzt schauen wir auf die Uhr, es wird aufregend:

Um 15:00 Uhr, das heißt drei Stunden vor Ablauf der Frist,
ordnete Serbien die Mobilisierung seiner Truppen an. König
Peter I. begab sich in die südserbische Stadt Nisch. Die wichtigsten Akten und das Gold der serbischen Staatsbank kamen auch
nach Nisch.

Um 17:55 Uhr erschien Ministerpräsident Pašić in der österreichisch-ungarischen Gesandtschaft, um die fristgerechte Antwort
abzugeben. Ob sein Puls und sein Blutdruck dabei Rekordwerte
erreichten, darüber gibt es keine Aufzeichnungen – aber wahrscheinlich ist es schon …

Das Gebäude des Bundeskanzleramtes in Wien ist wohlbekannt. Weniger bekannt: Wenn Sie diesen Gebäudekomplex hin-
ten betreten, kommen Sie in die altehrwürdigen Räumlichkeiten
des Haus-, Hof- und Staatsarchives. Hier finden Sie die serbische
Antwort mit dem Datum „12/25 juillet 1914".

Nun, in Serbien galt damals noch der julianische Kalender
(genauso wie in Russland). Also: Nach dem alten Kalender war es

---

30 fait accompli = vollendete Tatsache.

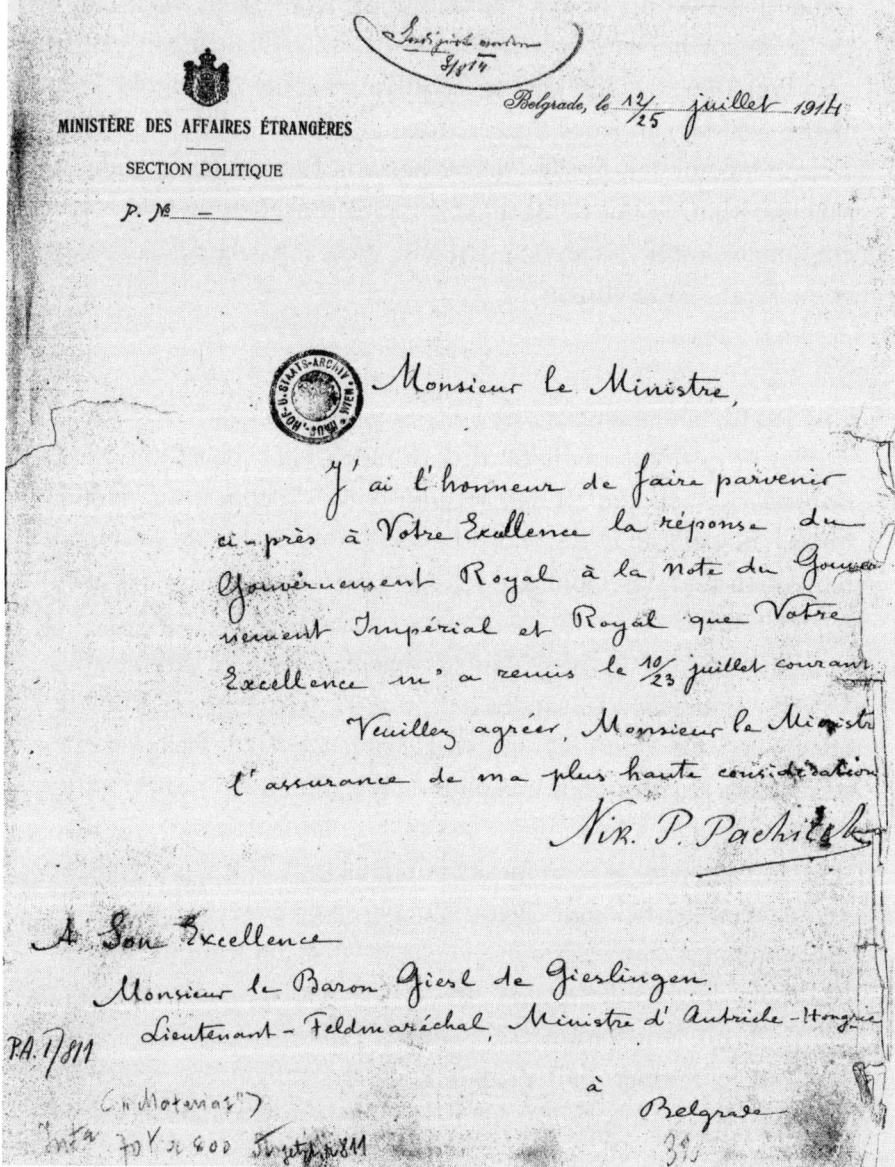

Mit wunderschönen Buchstaben, mit vollendeter Höflichkeit geschrieben: die serbische Antwort auf das Ultimatum

der 12. Juli, nach dem gregorianischen der 25. (siehe auch Text der k.u.k. Begehrnote).

Unterschrieben von Pašić, besser gesagt von *Pachitch* – es galt in diesem Fall die französische Transkription. Die erste Seite des Briefes ist total vergilbt, unleserlich, aber mit den nächsten Seiten haben wir mehr Glück: „La Serbie a de nombreuses fois donné des preuves de sa politique pacifiste. … Le Gouvernement Royal ne peut pas etre rendue responsable pour des manifestations d'un caractère privé" – also: Serbien erbrachte schon oft Beweise seiner friedlichen Politik, und die Königliche Regierung kann nicht für die Taten privater Art verantwortlich gemacht werden. Und selbstverständlich bat Pašić oder Pachitch, den Ausdruck seiner höchsten Hochachtung zu genehmigen („Veuillez agréer, Monsieur le Ministre l'assurance de ma plus haute considération").

Lesen wir die serbische Antwort weiter:

„Die kgl. Reg. ist bereit, auf der ersten Seite des Amtsblattes vom 26. Juli folgende Enunziation zu veröffentlichen:

‚Die königlich serbische Regierung verurteilt jede Propaganda, die gegen Österreich-Ungarn gerichtet sein sollte. … Die königliche Regierung bedauert, dass laut der Mitteilung der k.u.k Regierung gewisse serbische Offiziere und Funktionäre an der eben genannten Propaganda mitgewirkt … hätten. … Die königliche Regierung … erachtet es für ihre Pflicht, die Offiziere, Beamten und die gesamte Bevölkerung des Königreiches feierlich aufmerksam zu machen, dass sie künftig hin mit äusserster Strenge gegen jene Personen vorgehen wird, die sich derartiger Handlungen schuldig machen sollten…'

Diese Erklärung wird gleichzeitig zur Kenntnis der königlichen Armee durch einen Tagesbefehl Seiner Majestät des Königs gebracht und in dem offiziellen Organe der Armee veröffentlicht werden."

Außerdem wird Serbien die Verfassung ändern, um gegen Österreich-Ungarn gerichtete Hetzartikel in der Presse unterbinden zu können, die *Narodna Odbrana* auflösen [obwohl ihre Schuld nicht nachgewiesen werden konnte], antiösterreichische Schulbücher aus dem Unterricht eliminieren, Offiziere und Beamte entlassen, die an gegen die territoriale Integrität des k.u.k. Staates ausgeübten Aktionen teilgenommen haben. Tankosić wurde verhaftet, Ciganović wird per Steckbrief gesucht. Die schlampigen Grenzbeamten werden bestraft werden – allerdings: „Was die Mitwirkung von … Organen der k.u.k. Regierung an dieser Untersuchung anbelangt, so kann sie [das heißt die serbische Regierung] eine solche nicht annehmen, da dies eine Verletzung der Verfassung und des Strafprozessgesetzes wäre."

Diese Antwort übergab der serbische Ministerpräsident dem k.u.k. Gesandten Giesl.

Und weil diese Antwort nicht alle Forderungen hundertprozentig erfüllte, verließ Giesl im Sinne des Ultimatums samt seinem Personal Belgrad. Um 18:30 Uhr saß er bereits im Zug nach Budapest! Verabschiedet wurde er am Bahnhof von all seinen in Belgrad tätigen Diplomatenkollegen. (Ausnahmen: die Vertreter Griechenlands, Montenegros, Rumäniens und Russlands. Nach anderen Zeitungsberichten fehlten nur der französische und der russische Gesandte.)

Und jetzt beginnen wir zu rechnen!

Pašić kam wie bereits erwähnt um 17:55 Uhr. Nehmen wir an, das Vorlesen der serbischen Antwort dauerte zehn Minuten. Dann war man damit um 18:05 Uhr fertig.

Und jetzt soll der gute Giesl (und all seine Mitarbeiter samt Familien!) wie der geölte Blitz Zahnbürste, Hemden, Mieder, Krawatten, Rasierklingen, Taschentücher und Korrespondenz zusammengepackt haben, zum Bahnhof gedüst sein, um 25 Minuten später bereits im Zug zu sitzen? Und daneben die anderen diplomatischen Vertretungen informiert haben, die ebenfalls in Sekundenschnelle zum Bahnhof eilten?

Unmöglich!

Das heißt, die Koffer müssen schon vorher gepackt gewesen sein, das Personal hatte das Gepäck schon längst zum Bahnhof geschleppt – Giesl muss schon vorher überzeugt gewesen sein, irgendein Haar in der serbischen Antwortsuppe zu finden und Belgrad verlassen zu müssen. Und diese Eile ist nicht auf Giesls Mist gewachsen, sie war ihm angeordnet worden.

Und zwar von Berchtold selbst! Man war also hundertprozentig davon überzeugt, dass Serbien irgendeine Forderung von den vielen nicht akzeptieren würde. Giesls Auftrag lautete: Alles oder nichts! Die Serben hätten die Bedingungen ohne jede Änderung zu schlucken gehabt, da hätte nicht einmal ein Beistrich geändert werden dürfen!

Angeblich war Russlands Wiener Botschafter, Schebeko, über diese Weisungen an Giesl bereits am Vortag informiert worden (Tisza aber nicht).

So, was für ein Haar fand Giesl in der Antwortsuppe?

Lesen wir noch einmal den letzten Satz: „Die Mitwirkung von … Organen der k.u.k Regierung" muss abgelehnt werden, sie wäre ja „eine Verletzung der Verfassung und des Strafprozessgesetzes."

Verständliche Ablehnung!

Es steht auch fest, dass in diesen 48 Stunden zwischen dem 23. und 25. Juli 18:00 Uhr in der gesamten diplomatischen Korrespondenz zwischen London und Bukarest, zwischen Rom und St. Petersburg usw. diese Forderung am schärfsten verurteilt wurde – als unannehmbare Bedingung. Und es steht auch fest, dass die Wiener Meinungsmacher Conrad & Berchtold unannehmbare Forderungen stellen wollten, um einen Kriegsgrund zu haben. Stürgkh sagte zu allem Ja und Amen, Tisza machte auch mit, aber ihm ist etwas gelungen: Berchtold erklärte in Tiszas Sinne, die k.u.k. Monarchie habe keine Gebietsforderungen an Serbien (siehe auch 14. Juli)!

Diese zwei Punkte (5. und 6.) der Begehrnote galten 100 Jahre lang als Musterbeispiele für unannehmbare Forderungen.

Waren sie wirklich so unannehmbar?

Hätte man sie akzeptiert, hätte die Verfassung geändert werden müssen, stand es in der Antwort. Wirklich ein starkes Stück!

Aber die Änderung der Verfassung wurde problemlos zugesagt, um die Pressefreiheit einzuschränken, um antiösterreichische Zeitungsartikel unmöglich zu machen!

Wo ist da bitte die Konsequenz? Einmal kann man die Verfassung ändern, einmal nicht! Wo bleibt die Logik?

Noch etwas hat die serbische Antwort bejaht: Der König werde die ihm diktierten Bedingungen als Tagesbefehl seiner Armee mitteilen. Totale Demütigung des stolzen Herrschers aus dem Hause der Karađorđević. Die Annahme dieses Punktes hätte vielleicht zu einem luxusbesessenen Obrenovićherrscher gepasst – nicht aber zu einem alten Haudegen, der 1870 als junger Freiwilliger in der französischen Armee gegen Preußen gekämpft hatte, nicht zu einem Vertreter des panserbischen Gedankens.

Also noch einmal: Wo lag der Hund begraben?

Berchtold war auch nicht auf den Mund gefallen und erklärte, dass die Mitwirkung fremder Staatsbürger an den Untersuchungen gar nicht so tragisch wäre! 1868 wurde Michael, Fürst von Serbien, in einem Park in der Nähe Belgrads ermordet. Der Täter wurde an Ort und Stelle geschnappt, … aber um die Hintermänner zu erwischen, durften serbische Organe im Gebiet der k.u.k. Monarchie fahnden!

Weiters: Wissen Sie, was ein *bureau du sûreté* ist? Das war ein in Frankreich tätiges Sicherheitsbüro. Und zwar ein russisches! Russische Polizeibehörden beäugten die in Frankreich lebenden russischen politischen Emigranten und Flüchtlinge. An so ein Sicherheitsbüro dachte auch Berchtold.

Etwas erwähnte Berchtold nicht (wahrscheinlich war ihm dieser Fall unbekannt): Es war in Serbien schon vor dem Attentat von Sarajevo eine Fahndung durch Ausländer erfolgt – ohne dass nachher die Fetzen geflogen wären.

Den Beweis finden Sie im neoromanischen Gebäude des Staatsarchivs von Ungarn, inmitten romantisch anmutender alter Häuser des Burgviertels. Er besteht aus einer Meldung des Polizeiinspektors Vazul Keczity (oder Koczity), der in einem kleinen südungarischen Städtchen namens Nagykikinda seinen Dienst versah. (Nagykikinda ist heute nicht mehr südungarisch, sondern nordserbisch und heißt Kikinda. Auf Deutsch: Großkikinda.) Lesen wir die am 29. März 1914 verfasste Meldung des Herrn Koczity an seinen Chef:

„Wegen des Mordes an Károly Knáb musste ich im Laufe der Fahndung nach Serbien, und zwar in die Gemeinde Radovasnica."

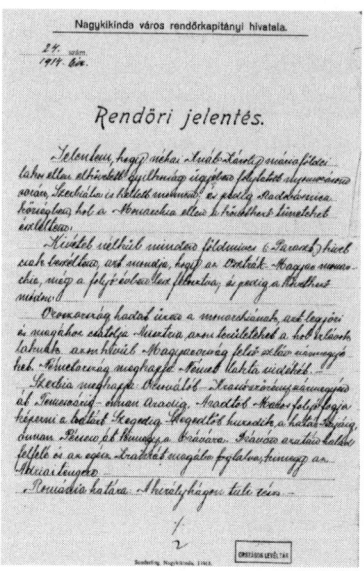

Ein kleiner ungarischer Polizeiinspektor erzählt, dass er auf eigene Faust in Serbien gefahndet hat – hat er dabei die Souveränität Serbiens verletzt? Erfolgten irgendwelche Gegenmaßnahmen?

Hat sich Herr Koczity unauffällig verhalten, sodass er den serbischen Behörden nicht aufgefallen ist? Keineswegs! Lesen wir seine Meldung weiter:

„Jeder Landwirt (Bauer), mit dem ich geredet habe, sagt, dass die österreichisch-ungarische Monarchie noch in diesem Jahr aufgeteilt wird, und zwar folgendermaßen:

Russland erklärt der Monarchie den Krieg, besiegt sie und annektiert jene Gebiete Österreichs, wo Slawen wohnen, außerdem die slawischen Komitate Oberungarns. Deutschland bekommt die deutschbesiedelten Gebiete. Serbien bekommt … die Grenze Rumäniens … [es folgt eine genaue Beschreibung, die gespenstisch an die 1920 in Trianon fixierten Grenzen Ungarns erinnert]. Das dermaßen zerstückelte Ungarn wird eine Republik sein … der Präsident der ungarischen Republik wird Graf Mihály Károlyi sein. … Ich hatte auch die Gelegenheit, Einblick in die Schule zu gewinnen, … wo das dermaßen verkleinerte Ungarn … den Kindern in der Schule beigebracht wird."

Also: Herr Inspektor Koczity begab sich fahndungshalber nach Serbien, veranstaltete nebst seiner polizeilichen Tätigkeit eine groß angelegte private Meinungsforschungsaktion, lauschte dem Unterricht in der dortigen Schule – bitte, das kann doch nicht geheim geblieben sein! Und es erfolgte kein serbischer Aufschrei, kein Protest – nichts! Der Empfänger dieses Berichts, der Polizeihauptmann von Nagykikinda, schickte die Meldung an den Obergespan weiter (mit dem Vermerk, der Verfasser der Meldung sei ein tüchtiger, verlässlicher Beamte), der Obergespan wiederum schickte ihn an den Ministerpräsidenten – aus! Die polizeiliche Tätigkeit eines königlich ungarischen Beamten in Serbien führte zu keiner Krise![31]

Also so abwegig war die Idee, k.u.k Beamte nach Serbien zu schicken, doch nicht. Und lebte Berchtold heute noch, dann könnte er noch ein Beispiel anführen: Österreich hat freiwillig um amerikanische und deutsche Polizeihilfe gebeten, um den Kriminalfall Kampusch[32] zu lösen!

Noch einmal: Warum war die Mitwirkung fremder Erhebungsbeamter für Belgrad nicht akzeptabel?

Was wäre bitte geschehen, wenn die k.u.k. Beamten herausbekommen hätten, dass der serbische Ministerpräsident und sonstige führende Politiker involviert gewesen wären – sie hätten vorher gewusst, dass ein Attentat erfolgen würde?

Um dieses Jahrhundert- oder Jahrtausenddebakel zu verhindern, sagte die Pašić-Regierung zu dieser Forderung *Nein*.

Ein logischer, verständlicher Gedankengang, den etliche Politiker, Diplomaten und Journalisten bereits 1914 kundgetan hatten. Der Schreiber dieser Zeilen schließt sich dieser Meinung hundertprozentig an.

Die unannehmbarste, demütigendste Forderung hat Serbien akzeptiert: Irgendwelche ausländischen Kreise schreiben dem

---

31 Heute können wir nur den Hut vor den Bauern Radovasnicas ziehen: Sie haben die sechs Jahre später gezogenen Grenzen Ungarns fast fehlerlos vorausgesagt – und die Person des fünf Jahre später amtierenden ungarischen Staatspräsidenten auch noch!
32 Die zehn Jahre alte Natascha Kampusch wurde 1998 entführt. 2006 gelang ihr die Flucht. Die polizeilichen Erhebungen scheinen jetzt (2013) dank deutscher und amerikanischer Hilfe abgeschlossen zu sein.

König vor, was er in einem Tagesbefehl kundtut – etwas Ärgeres gibt's nicht.

Berchtold diente mit weiteren Argumenten: Russische Behörden hatten ihre k.u.k. Kollegen 1906 informiert, in Krakau gebe es eine Terroristenschule polnischer Sozialisten mit antirussischen Zielen!

Daraufhin begann die Krakauer Polizei zu fahnden, aber sie fand nichts, stellte jedoch fest, wenn die *Entsendung eines russischen Polizeiorganes nach K r a k a u dennoch in Erwägung gezogen werden sollte*, dann sollte diese Entsendung total geheim erfolgen. Die russischen Polizeikollegen kamen zwar nicht, aber man hätte sie also akzeptiert, ohne um die staatliche Souveränität Österreichs besorgt zu sein.[33]

*****

Als Giesl einige Minuten nach der Abfahrt ungarischen Boden erreichte, informierte er sofort Wien, Wien informierte Bad Ischl, das heißt, Franz Joseph war bereits kurze Zeit nach den Ereignissen im Bilde.

In der Grenzstadt Semlin (ungarischer Name: Zimony, serbischer Name: Zemun – heute ein Teil Belgrads) stieg Giesl kurz aus, labte sich im Bahnhofsrestaurant, empfing begeisterte Delegationen, fuhr nach Budapest weiter und wurde hier genauso begeistert empfangen – ein Triumphzug sondergleichen! In Budapest gab er sogar ein Zeitungsinterview: „Ja, ja, der Herr Pašić ist

---

33 Ganz grundlos waren die russischen Befürchtungen auch nicht! 1910 wurde in Krakau ein Russe ermordet, die österreichische Polizei fand sogar die Statuten des *Verbandes der polnischen Revolutionäre,* dessen Ziel die Errichtung einer unabhängigen, demokratischen polnischen Republik war. Das Mittel dazu: Waffen! Allerdings glaubte die Krakauer Polizei, die verhafteten „Terroristen" seien zaristische Polizeiagenten …

eigentlich ein sehr zugänglicher, netter Mensch, ich bin mit ihm immer gut ausgekommen – aber jetzt hörte die Freundschaft eben auf. Und beim Verlassen Belgrads war die Atmosphäre schon sehr feindlich: Niemand hat meinen Gruß erwidert!"

Fast gleichzeitig begannen in Wien, in Budapest und auch in anderen Großstädten spontane antiserbische Demonstrationen.

*****

Die Botschafter, die Gesandten hatten an diesem Tag Hochbetrieb – und sie waren leicht überfordert. „Die … Serbische Regierung ist der Ansicht, dass die österreichische Regierung, falls sie nicht Krieg um jeden Preis will, die in serbischer Antwort angebotene volle Genugtuung annehmen wird", telegrafierte der britische Gesandte, Mr. Crackanthorpe, aus Belgrad nach London. Sein Kollege, Buchanan in St. Petersburg, sah schon einen europäischen Krieg vor sich: „Französischer Botschafter bemerkte, … er sei in der Lage, … Zusicherung zu geben, dass sich Frankreich vorbehaltlos an Seite Russlands stelle." Und wenn Frankreich und Russland gemeinsam kämpfen, muss Großbritannien auch mitmachen, sonst ist die gute Zusammenarbeit mit Russland in Asien gefährdet. „Asien" hieß in diesem Falle „Persien".

*****

Sasonow plagten andere Sorgen: Fast die gesamte englische Presse war österreichfreundlich eingestellt. Dafür ging im Zarenreich die militärische Mobilmachung flott weiter, Gesandter Spalajković meldete es freudestrahlend seinen Chefs in Belgrad.

*****

Unsere alten Freunde, die k.u.k. Botschafter überall in der Welt, waren damit beschäftigt, x-mal zu erklären, dass die k.u.k. Monarchie keine serbischen Territorien annektieren wolle! Und die deutschen Botschafter mussten genauso oft erklären, den Text des österreichisch-ungarischen Ultimatums vorher nicht gekannt zu haben.

*****

Würde die k.u.k. Monarchie die Frist von 48 Stunden verlängern? Unerklärlicherweise entstand das Gerücht: JA! Das Ergebnis: Hausse in Hamburg! Die Börsenkurse stiegen um zehn Prozent! Um wie viel Prozent sie dann sanken, ist leider unbekannt.

*****

Der besonnenste, friedfertigste Botschafter in Europa, der deutsche Fürst Lichnowsky, warnte wieder aus London. Er kämpfte für eine Vermittlungskonferenz unter britischen Fittichen und schrieb an Minister Jagow: „Ich erachte es als meine Pflicht, Ew. Exz. darauf hinzuweisen, dass die hiesige Regierung meiner Überzeugung nach so lange bestrebt sein wird, eine uns freundschaftliche und möglichst unparteiische Haltung einzunehmen, als sie an unsere aufrichtige Friedensliebe glaubt … Die Zurückweisung seines (sic!) Vorschlages aber, zwischen Österreich und Russland zu vermitteln, oder eine schroffe Haltung, die zu der Annahme berechtigen könnte, dass wir den Krieg mit Russland herbeiwünschen, würde wahrscheinlich zur Folge haben, England bedingungslos auf die Seite Frankreichs und Russlands zu treiben." Jagow – ständig zwischen forschem Auftreten und Friedensliebe hin und her lavierend – erklärte sich damit einverstanden.

Außenminister Grey in London war mit einer Vermittlungskonferenz auch einverstanden – Herz, was willst du mehr?

Und der k.u.k. Botschafter in Paris, Graf Szécsen, drahtete am späten Nachmittag an Berchtold: „Die Presse bespricht mit großer Aufregung, aber mit gewisser Vorsicht, unseren Schritt in Belgrad. Bis jetzt ist die Haltung der Zeitungen nicht ganz so feindselig, wie zu befürchten war … Im allgemeinen zeigt man für unsere Forderungen, speziell soweit sie sich auf die Untersuchung gegen die Attentäter und ihre Helfer beziehen, einiges Verständnis. Es wird die praktische Undurchführbarkeit gewisser unserer Wünsche in ihrer gegenwärtigen allgemeinen Fassung betont. … Der russische Geschäftsträger schildert Situation in den schwärzesten Farben und ist bestrebt, hier den Eindruck hervorzurufen, dass wir um jeden Preis einen europäischen Krieg hervorrufen wollen. … Englischer Botschafter sagte mir gestern, Russland wird den Kampf nicht aufnehmen."

Den letzten Satz muss man zweimal lesen! Im Laufe der vorangegangenen Wochen war x-mal erklärt worden, dass Russland Serbien nicht im Stich lassen würde. Und dann erzählt Botschafter Bertie seinem Kollegen Szécsen so einen Unsinn?!

*****

Die alte Kaiserstadt Wien feierte, als wäre Österreich Fußballweltmeister geworden. Ob beim Schwarzenbergdenkmal oder beim Kriegsministerium, bei der deutschen Botschaft genauso wie bei der Hofburg: singende, enthusiastische Menschen, deren Begeisterung keine Grenzen zu kennen schien: *Habemus bellum*![34] Eine kleine, aber keineswegs freundlich gesinnte Gruppe

---

34 Wir haben den Krieg!

zog zur serbischen Gesandtschaft – der Polizeikordon genügte, um das Gebäude zu schützen. Kriegsbegeisterte Demonstranten zogen in Budapest trotz Regen zum Büro des Ministerpräsidenten und zum Café „New York": *Nieder mit Serbien! Hoch der Krieg!* Die begeisterten Kriegsfreunde sangen den ursprünglich eindeutig antihabsburgischen[35] Rákóczi-Marsch. (Sie sangen auch das Kossuth-Lied, aber der Name des Revolutionärs *Kossuth Lajos* wurde im Text auf *Ferenc József* geändert. Und den Rákóczi-Marsch sangen auch Wiener Demonstranten im Zeichen der k.u.k. Freundschaft.) Ähnliches wurde aus Prag, aus Brünn, aus Salzburg, aus Lemberg gemeldet – soll ich alle Städte auflisten? Nicht vergessen: Berlin – und etliche deutsche Großstädte. Sogar die ersten Pressekommentare aus Italien und Rumänien waren positiv! Lehár dirigierte in Bad Ischl seine Operette „Endlich allein"[36]. Natürlich riesiger Erfolg – wer denkt da schon an eventuelle kriegsbedingte Unannehmlichkeiten?

Vielleicht jene rund 2000 Untertanen Franz Josephs, die Belgrad Richtung Heimat verließen … sicher nicht freiwillig!

Noch jemand dachte an einen Krieg: die österreichischen Sozialdemokraten. In ihrem Parteiorgan, der „Arbeiter-Zeitung", erschien ein Manifest: „Wir lehnen jede Verantwortung für diesen Krieg ab; feierlich und entschieden beladen wir mit ihr diejenigen, die ihn hüben wie drüben angestiftet haben …"

Dachten die österreichischen Minister an einen Krieg?

Giesl muss noch in Belgrad gewesen sein, als Verordnungen en gros erlassen wurden. Verordnungen, die schon nach Krieg rochen: Verordnungen, denen gemäß Zivilpersonen, die sich

---

35 Fürst Rákóczi Ferenc (1676–1735) leitete zwischen 1703 und 1711 einen ungarischen Unabhängigkeitskampf gegen die habsburgische Herrschaft.
36 Später als *Schön ist die Welt* aufgeführt.

strafbarer Handlungen wider die Kriegsmacht des Staates schuldig machten, der Militärstrafgerichtsbarkeit unterstellt würden. Die Veröffentlichung militärischer Nachrichten in Druckschriften wurde verboten, wehrpflichtigen Personen wurde verboten, die Grenzen der Monarchie zu überschreiten, etc. etc.

Der Krieg hing schon in der Luft!

Sonntag, der 26. Juli 1914

Wie gebannt starrte Frankreich auf die Straße zwischen Dunkerque (Dünkirchen) und Paris: Würde es dem Lokalmatador Henri Pélissier gelingen, auf der letzten Etappe der Tour de France den Vorsprung des seit dem ersten Tag führenden Philippe Thys aufzuholen?

Dramatischer hätte das Rennen kaum enden können: Pélissier wurde zwar Etappensieger, aber Gesamtsieger wurde Thys. Die Belgier jubelten, die Franzosen trauerten … Haben all diese Sportsfreunde daran gedacht, dass sie bald viel größere Probleme haben würden? Dass die nächste Tour de France erst 1919 stattfinden würde?

*****

Den Botschafter Iswolski wird der sportliche Wettkampf kaum interessiert haben. Er schickte an diesem Tag ein falsch datiertes Telegramm an Sasonow, um über einen Besuch des deutschen Botschafters, Baron Schoen, beim zum Außenminister gewordenen französischen Justizminister Bienvenu-Martin zu berichten. Schoen sagte kurz und bündig, Österreich habe Russland erklärt, keine territorialen Erweiterungen zu suchen und die Integrität Serbiens nicht zu bedrohen. Sein einziges Ziel sei, seine eigene

Ruhe zu sichern. Es komme auf Russland an, einen Krieg zu vermeiden.

Wie bereits erwähnt, hatte sich Tisza in diesem Punkt erfolgreich durchgesetzt: Die Monarchie wollte keine serbischen Gebiete annektieren! Und Schoen hat die offiziellen k.u.k. Kriegsziele kurz und bündig perfekt zusammengefasst.

$$*****$$

Grey rührte weiterhin die Trommeln für eine Konferenz aller beteiligten Staaten in London nach den Grundlinien der Botschafterkonferenz von 1912–1913. „… Es waren noch immer dieselben Persönlichkeiten in London: Cambon, Lichnowsky, Benckendorff, Mensdorff, Imperiali und ich."[37]

Greys Erfolg: 0. Bethmann Hollweg und Jagow meinten, diese Konferenz wäre ein Schiedsgericht über Österreich-Ungarn. Die Partner in Wien assistierten natürlich begeistert der Berliner Argumentation. Conrad von Hötzendorf fand in Berchtold wieder einen Tratschpartner und erklärte ihm, der 12. August wäre der ideale Tag für die Kriegserklärung. Jetzt war aber der Diplomat forscher als der Soldat: Der 12. August war für Berchtolds Begriffe zu spät! Was würde geschehen, wenn es früher zu Grenzgefechten käme? Na ja, wären serbische Grenzverletzungen erfolgt, hätte man auf eine formelle Kriegserklärung sogar verzichten können.

$$*****$$

---

37 Die Botschafter von Frankreich, Deutschland, Russland, Österreich-Ungarn und Italien bereiteten nach dem Zweiten Balkankrieg den Vorfrieden von London (30. Mai 1913) vor.

In Paris demonstrierten slawische Jugendliche bei der Botschaft Österreich-Ungarns gegen die k.u.k. Monarchie. Die Polizei war auf der Hut, passiert ist nichts – es erfolgte sogar eine französische Entschuldigung.

Wesentlich ruhiger waren die slawischen Jugendlichen und Ex-Jugendlichen in St. Petersburg. Graf Pourtalès, der deutsche Botschafter, berichtete über die ruhige Stimmung in der russischen Hauptstadt, über die friedlichen Äußerungen Sasonows („Österreich-Ungarn muss Genugtuung verschafft werden!“).

*****

Die Ruhe in St. Petersburg war die Ausnahme: Die patriotische Begeisterungswelle schwappte über alle Hauptstädte. „Aufgrund günstiger Meldungen aus Deutschland stiegen die wichtigsten Kurse. Als die Börse um 8:00 Uhr Abend erfuhr, dass gerade das Gegenteil ihrer Informationen den Tatsachen entsprach, erregte die Nachricht kein Befremden“ … Ob aber jene, die in diesen wenigen Stunden des Irrtums zu teuer oder zu billig verkauft oder gekauft hatten, später Befremden äußerten, ist der Presse nicht zu entnehmen.

Die allgemeine Begeisterung forderte auch Opfer: In einem Budapester Restaurant sang ein Gast slowakische Lieder. Dies missfiel einem ungarischen Besucher, er zückte sein Messer und durchschnitt des Slowaken Hals. Der Mann war sofort tot.

Montag, der 27. Juli 1914

Botschafter Lichnowsky informierte wieder einmal seinen Minister Jagow aus London: Laut Außenminister Grey war Serbien … den österreichischen Forderungen in einem Umfange entgegengekommen, … wie er es niemals für möglich gehalten hätte … Es sei klar gewesen, dass diese Nachgiebigkeit Serbiens *lediglich auf einen Druck von Petersburg zurückzuführen gewesen sei.*

Wäre Österreich-Ungarn jetzt intransigent geblieben, wäre das eine Herausforderung Russlands gewesen. Daraus hätte der fürchterlichste Krieg entstehen können, den Europa jemals gesehen habe, und niemand hätte gewusst, wohin ein solcher Krieg führen könne.

Grey bat Deutschland, in Wien zu intervenieren – er selbst tat's in St. Petersburg. Und Lichnowskys letzter Aufschrei: „Auf jeden Fall bin ich der Überzeugung, dass, falls es jetzt doch noch zum Kriege käme, wir mit den englischen Sympathien … nicht mehr zu rechnen hätten."

Und wie wurden diese Ideen in Berlin aufgenommen? „Die deutsche Regierung versichere auf das Bündigste, dass sie sich in keiner Weise mit den Vorschlägen identifiziere", erklärte Außenminister Jagow, aber man wünsche, der englischen Bitte Rechnung zu tragen, „… um England bei Laune zu halten, um es nicht ins Gegenlager zu zwingen und die guten Kontakte Deutschlands mit England nicht zu gefährden".

*****

Wesentlich militanter ging es in Ungarn zu. Der Post- und Telegrafenverkehr wurde eingeschränkt und unter Kontrolle gestellt, der Presse wurde es verboten, über militärische Maßnahmen der

Monarchie zu schreiben. Die Vorzensur wurde eingeführt (die Blätter mussten vor ihrem Erscheinen zwecks Genehmigung der zuständigen Behörde zugeschickt werden), Geschworenengerichte im serbisch und im rumänisch bewohnten Grenzgebiet wurden abgeschafft, die Versammlungsfreiheit eingeschränkt, die Beschlagnahme von Pferden und Fahrzeugen ermöglicht, Ein- und Ausfuhr eingeschränkt. So wurde es z. B. untersagt, Tauben zu importieren. Damals gab es noch Brieftauben, und die wollte man natürlich nicht ins Land lassen. In Wien wurde die Börse auf die Dauer von drei Tagen geschlossen. Warum? Da schwiegen die Quellen.

*****

Ein serbischer Staatsbürger, der seine Kur in Bad Gleichenberg abgebrochen hatte, um nach Hause zu kommen, wurde in Ungarn festgenommen.

Dieser Serbe war Radomir Putnik, Chef des serbischen Generalstabes! Die Nachricht muss blitzschnell nach St. Petersburg gelangt sein, da Botschafter Buchanan seinen Chef, Grey, sofort informierte.

Die Haft Putniks dauerte nicht lange. Sein österreichisch-ungarischer Kollege, Conrad von Hötzendorf, intervenierte unverzüglich, und Putnik konnte seine Heimreise fortsetzen. In einem Salonwagen! Vorher hatten einige Journalisten ihre Fantasieübungen geleistet und von Anwendung von Brachialgewalt geschrieben – lauter Zeitungsenten.

Noch eine Nachricht erschütterte die österreichisch-ungarischen Gemüter: serbische Grenzverletzungen, Schießereien bei Temes-Kubin!

Wo liegt denn Temes-Kubin?

Besitzen Sie eine alte ungarische Landkarte, suchen Sie Kevevára! Haben Sie eine heutige serbische Karte, empfiehlt es sich, nach Donji Kovin zu forschen. Bevorzugen Sie Rumänisch, dann handelt es sich um Cuvin.

Diese Grenzverletzungen dienten Berchtold als Anlass, um sich schriftlich an Seine Majestät, Kaiser und König Franz Joseph, zu wenden:

„Ich nehme mir die ehrerbietigste Freiheit, Euer Majestät in der Anlage den Entwurf eines Telegrammes an das serbische Ministerium des Äußern zu unterbreiten, welches die Kriegserklärung an Serbien enthält und erlaube mir alleruntertänigst anzuregen, Euer Majestät wollen geruhen mich zu ermächtigen, dieses Telegramm morgen Früh abzusenden und die amtliche Verlautbarung der Kriegserklärung in Wien und Budapest gleichzeitig zu veranlassen. Mit Rücksicht auf die dem k. und k. Gesandten Baron Giesl am 25. d. M. durch Herrn Pašić übergebene, sehr geschickt verfasste Antwortnote der serbischen Regierung, welche inhaltlich zwar ganz wertlos, der Form nach aber entgegenkommend ist, halte ich für nicht ausgeschlossen, dass die Tripelententemächte noch einen Versuch machen könnten, eine friedliche Beilegung des Konfliktes zu erreichen, wenn nicht durch die Kriegserklärung eine klare Situation geschaffen wird. Einer Meldung des 4. Korpskommandos zufolge haben serbische Truppen von Donaudampfern bei Temes-Kubin gestern unsere Truppen beschossen und es entwickelte sich auf die Erwiderung des Feuers hin ein größeres Geplänkel. Die Feindseligkeiten sind hiemit tatsächlich eröffnet worden und es erscheint daher umsomehr

> geboten, der Armee in völkerrechtlicher Hinsicht jene Bewegungsfreiheit zu sichern, welche sie nur bei Eintritt des Kriegszustandes besitzt. Die Notifikation des Kriegszustandes an die neutralen Mächte würde, vorbehaltlich der Allerhöchsten Genehmigung Euer Majestät, gleichzeitig mit der Kriegserklärung an deren hiesige Vertreter abgesendet werden. Ich erlaube mir zu erwähnen, dass Seine k.u.k. Hoheit der Oberkommandant der Balkanstreitkräfte, Erzherzog Friedrich, sowie der Chef des Generalstabes gegen die Absendung der Kriegserklärung morgen Vormittag nichts einzuwenden hätten."

Franz Joseph war einverstanden:
„Ich genehmige den beiliegenden Entwurf eines Telegrammes an das serbische Ministerium des Äußern, welches die Kriegserklärung an Serbien enthält, und erteile Ihnen die erbetene Ermächtigung.
Bad Ischl, am 28. Juli 1914."

Das Datum soll uns nicht irreführen – Franz Joseph hat diese Genehmigung vordatiert.

Dienstag, der 28. Juli 1914

Die Welt kochte seit einem Monat, die Weltpresse berichtete seit Wochen über kaiserliche, königliche, präsidiale, ministerielle Erklärungen, über mordwütige serbische Räuberbanden oder unmenschliche österreichische Unterdrücker und Blutsauger, in Albanien floss Blut, die englische Regierung war mit der Krise in Irland beschäftigt, der Mönch und Wunderheiler Rasputin überlebte ein Attentat – arbeitslos waren die Journalisten in diesen Wochen sicher nicht.

Aber es gab noch etwas: einen Sensationsprozess, der Millionen von Menschen in aller Welt in seinen Bann zog – und gerade am 28. Juli 1914 zu Ende ging. Am Tage der Kriegserklärung.

Das war der Fall Caillaux. Madame Caillaux war mit einem französischen Politiker verheiratet. Mit Joseph Caillaux: Ministerpräsident, Finanzminister (er führte in Frankreich die Einkommensteuer ein), Innenminister – und wenn auch kein Deutschenfreund, so doch äußerst gemäßigt. Der Herausgeber der Zeitung „Le Figaro", Gaston Calmette, war im Besitze jener Liebesbriefe, die Frau Caillaux an Herrn Caillaux geschrieben hatte, als dieser noch mit einer anderen Frau verheiratet war, und drohte, diese Briefe zu veröffentlichen.

Madame Caillaux ließ sich das nicht bieten und ermordete am 16. März 1914 Monsieur Calmette. Im Juli fand der Prozess statt, und er beschäftigte die Gerichtssaalreporter in- und außerhalb Frankreichs. Wochenlang kämpften die Gerichtssaalkiebitze, um einen Platz im Verhandlungssaal zu ergattern, und wochenlang bekämpften einander Staatsanwalt und Verteidiger mit Vehemenz, Eloquenz und Konsequenz, um die Geschworenen zu überzeugen.

Am 28. Juli war es so weit: Der Angeklagten war es noch gelungen, während eines Plädoyers in Ohnmacht zu fallen, nachher hatten die Geschworenen das Wort.

Schuldig?

Nicht schuldig?

„Die Geschworenen haben ein galantes ... Urteil gefällt“, berichtete in Wien die „Neue Freie Presse“: Freispruch!

*****

Am Vortag hatten Franz Joseph und Berchtold den Rubikon zwischen Krieg und Frieden überschritten. Jetzt wandte sich der Monarch an den österreichischen Ministerpräsidenten:

„Lieber Graf Stürgkh!
Ich habe Mich bestimmt gefunden, den Minister Meines Hauses und des Aeußern zu beauftragen, der königlich serbischen Regierung den Eintritt des Kriegszustandes zwischen der Monarchie und Serbien zu notifizieren. In dieser schicksalsschweren Stunde ist es Mir Bedürfnis, Mich an Meine geliebten Völker zu wenden. Ich beauftrage Sie daher, das anverwahrte Manifest zur allgemeinen Verlautbarung zu bringen.
Bad Ischl, am 28. Juli 1914.   Franz Joseph m. p.“

Was stand in diesem Manifest?
Lesen Sie es bitte!

„An Meine Völker!
Es war Mein sehnlichster Wunsch, die Jahre, die Mir durch Gottes Gnade noch beschieden sind, Werken des Friedens zu weihen und Meine Völker vor den schweren Opfern und Lasten des Krieges zu bewahren.
Im Rate der Vorsehung ward es anders beschlossen.
Die Umtriebe eines hasserfüllten Gegners zwingen Mich, zur Wahrung der Ehre Meiner Monarchie, zum Schutze ihres Anse-

hens und ihrer Machtstellung, zur Sicherung ihres Besitzstandes nach langen Jahren des Friedens zum Schwerte zu greifen.

Mit rasch vergessendem Undank hat das Königreich Serbien, das von den ersten Anfängen seiner staatlichen Selbständigkeit bis in die neueste Zeit von Meinen Vorfahren und Mir gestützt und gefördert worden war, schon vor Jahren den Weg offener Feindseligkeit gegen Österreich-Ungarn betreten.

Als Ich nach drei Jahrzehnten segensvoller Friedensarbeit in Bosnien und der Hercegovina Meine Herrscherrechte auf diese Länder erstreckte, hat diese Meine Verfügung im Königreiche Serbien, dessen Rechte in keiner Weise verletzt wurden, Ausbrüche zügelloser Leidenschaft und erbittertsten Hasses hervorgerufen. Meine Regierung hat damals von dem schönen Vorrechte des Stärkeren Gebrauch gemacht und in äußerster Nachsicht und Milde von Serbien nur die Herabsetzung seines Heeres auf den Friedensstand und das Versprechen verlangt, in Hinkunft die Bahn des Friedens und der Freundschaft zu gehen.

Von demselben Geiste der Mäßigung geleitet, hat sich Meine Regierung, als Serbien vor zwei Jahren im Kampfe mit dem türkischen Reiche begriffen war, auf die Wahrung der wichtigsten Lebensbedingungen der Monarchie beschränkt. Dieser Haltung hatte Serbien in erster Linie die Erreichung des Kriegszweckes zu verdanken.

Die Hoffnung, dass das serbische Königreich die Langmut und Friedensliebe Meiner Regierung würdigen und sein Wort einlösen werde, hat sich nicht erfüllt.

Immer höher lodert der Hass gegen Mich und Mein Haus empor, immer unverhüllter tritt das Streben zutage, untrennbare Gebiete Österreich-Ungarns gewaltsam loszureißen.

Ein verbrecherisches Treiben greift über die Grenze, um im Südosten der Monarchie die Grundlagen staatlicher Ordnung zu untergraben, das Volk, dem Ich in landesväterlicher Liebe Meine volle Fürsorge zuwende, in seiner Treue zum Herrscherhaus und zum Vaterlande wankend zu machen, die heranwachsende Jugend irrezuleiten und zu frevelhaften Taten des Wahnwitzes und des Hochverrates aufzureizen. Eine Reihe von Mordanschlägen, eine planmäßig vorbereitete und durchgeführte Verschwörung, deren furchtbares Gelingen Mich und Meine Völker ins Herz getroffen hat, bildet die weithin sichtbare blutige Spur jener geheimen Machenschaften, die von Serbien aus ins Werk gesetzt und geleitet wurden.

Diesem unerträglichen Treiben muss Einhalt geboten, den unaufhörlichen Herausforderungen Serbiens ein Ende bereitet werden, soll die Ehre und Würde Meiner Monarchie unverletzt erhalten und ihre staatliche, wirtschaftliche und militärische Entwicklung vor beständigen Erschütterungen bewahrt bleiben.

Vergebens hat Meine Regierung noch einen letzten Versuch unternommen, dieses Ziel mit friedlichen Mitteln zu erreichen, Serbien durch eine ernste Mahnung zur Umkehr zu bewegen.

Serbien hat die maßvollen und gerechten Forderungen Meiner Regierung zurückgewiesen und es abgelehnt, jenen Pflichten nachzukommen, deren Erfüllung im Leben der Völker und Staaten die natürliche und notwendige Grundlage des Friedens bildet.

So muss Ich denn daran schreiten, mit Waffengewalt die unerläßlichen Bürgschaften zu schaffen, die Meinen Staaten die Ruhe im Inneren und den dauernden Frieden nach außen sichern sollen.

In dieser ernsten Stunde bin Ich Mir der ganzen Tragweite

Meines Entschlusses und Meiner Verantwortung vor dem Allmächtigen voll bewusst.

Ich habe alles geprüft und erwogen.

Mit ruhigem Gewissen betrete Ich den Weg, den die Pflicht Mir
weist.

Ich vertraue auf Meine Völker, die sich in allen Stürmen stets in
Einigkeit und Treue um Meinen Thron geschart haben und für die
Ehre, Größe und Macht des Vaterlandes zu schwersten Opfern
immer bereit waren.

Ich vertraue auf Österreich-Ungarns tapfere und von hingebungs-
voller Begeisterung erfüllte Wehrmacht.

Und Ich vertraue auf den Allmächtigen, dass Er Meinen Waffen
den Sieg verleihen werde.

Franz Joseph m. p.

Stürgkh m. p."

Der Satz „Ich habe alles geprüft und erwogen" gehört zu den
bekanntesten historischen Zitaten in Österreich.[38]

*****

Eine schier unglaubliche Nachricht schickte Botschafter Pourtalès nach Berlin: Die Antwort der serbischen Regierung auf das
Ultimatum ist in St. Petersburg erst an diesem Tage, das heißt mit
drei Tagen Verspätung, bekannt geworden.

Kaum vorstellbar!

Der Kommentar des deutschen Botschafters war dafür umso
weiser: Hätte die Belgrader Regierung alle k.u.k. Bedingungen

---

38 Genauso wohlbekannt als Zitat aus dem ins Ungarische übersetzten Manifest: „Mindent
megfontoltam és meggondoltam."

akzeptiert, wäre eine Revolution ausgebrochen und die wildesten Scharfmacher hätten die Macht übernommen.

*****

Ganz Europa (ein bisschen übertrieben ausgedrückt: die ganze Welt) kannte bereits alle Details des k.u.k. Ultimatums und jene der serbischen Antwort – bis auf eine Person: Kaiser Wilhelm II.! Er kam erst am 28. Juli von seiner Nordlandreise zurück, wurde informiert – und jetzt halten Sie sich bitte fest, des deutschen Monarchen Reaktion auf die Antwort der Belgrader Regierung ist schier unglaublich: „Eine brillante Leistung für eine Frist von bloss 48 Stunden. Das ist mehr, als man erwarten konnte. Ein grosser moralischer Erfolg für Wien, aber damit fällt jeder Kriegsgrund fort, und Giesl hätte ruhig in Belgrad bleiben sollen. Darauf hätte ich niemals Mobilmachung befohlen."

Der Kriegssaulus mutierte zum Friedenspaulus.

Oder nicht?

Auf jeden Fall wies er seine führenden Politiker an, Wien Mäßigung anzuraten.

Also doch ein Friedenspaulus!

Nun, wenn Wilhelm II. auch keine Mobilmachung angeordnet hätte, ganz wunschlos wäre er nicht geblieben: „Damit diese Schönen Versprechungen Wahrheit und Thatsache werden, muss eine douce violence[39] geübt werden. Das würde dergestalt zu machen sein, dass Österreich ein *Faustpfand* [Belgrad] für die Erzwingung und Durchführung der Versprechungen besetzte und solange behielte bis *thatsächlich* die petita durchgeführt sind. … Falls Ew. Exz. diese meine Auffassung theilen, so würde Ich

---

39 Sanfte Gewalt oder sanfter Druck.

vorschlagen: Österreich zu sagen: Der Rückzug Serbiens in sehr demüthigender Form sei erzwungen, und man gratuliere dazu. Natürlich sei damit ein *Kriegs*grund *nicht mehr vorhanden*. Wohl aber eine *Garantie* nöthig, dass die Versprechungen *ausgeführt* würden. Das würde durch die militärische *vorübergehende* Besetzung eines Theils von Serbien wohl erreichbar sein. Ähnlich wie wir 1871 in Frankreich Truppen stehen liessen bis die Milliarden gezahlt waren. Auf *dieser Basis* bin Ich bereit, den *Frieden* in Österreich zu *vermitteln*", teilte er Außenminister Jagow mit.

Aber Reichskanzler Bethmann Hollweg wollte den Krieg, und zwar sofort! Blättern Sie bitte zurück zum russischen Generalstabschef Januschkewitsch (24. Juli). Er hatte den Zaren angelogen, um seinen Krieg zu haben, Bethmann Hollweg imitierte Januschkewitsch fast hundertprozentig: Er sabotierte die Weiterleitung der kaiserlichen Weisung. Erst als ihm mitgeteilt wurde, der Krieg sei bereits erklärt worden, kam Wilhelms Mahnung nach Wien (und zwar mit gefälschtem Inhalt)!

Nun, diese Kriegserklärung verdient es, ein bisschen genauer beschrieben zu werden.

Franz Joseph war in Bad Ischl … Nein: *war* ist zu alltäglich. Also: Er weilte in Bad Ischl. An den Beratungen der vorangegangenen vier Wochen hatte er kaum teilgenommen. Prinzipiell mag er ein Anhänger des Friedens gewesen sein, aber entsprechend seinem soldatischen, ritterlichen Weltbild wollte er selbstverständlich Sühne für das Attentat. „Wenn die Monarchie schon untergeht, soll sie wenigstens in Ehren untergehen!", soll er einmal festgestellt haben.

Und jetzt kommt Berchtold, zeigt ihm ein Stück Papier und bittet ihn um Unterschrift.

Was stand da geschrieben?

„Die österreichisch-ungarische Monarchie fühlt sich veranlasst, zu den Waffen zu greifen, umso mehr, als serbische Truppen bereits eine Abteilung der k.u.k. Armee bei Temes-Kubin angegriffen haben."

Das heißt also, die serbischen Bösewichte haben nicht nur den Thronfolger und dessen Gattin umgebracht, die greifen auch noch unser Territorium an!

Für Franz Joseph war die Unterschrift eine selbstverständliche Pflicht.

Also: Man überreiche die Kriegserklärung! Wollen Sie ihren Text lesen? Er war wesentlich kürzer als das Ultimatum oder das Manifest:

„Da die königlich serbische Regierung die Note, welche ihr vom österreichisch-ungarischen Gesandten in Belgrad am 23. Juli 1914 übergeben worden war, nicht in befriedigender Weise beantwortet hat, so sieht sich die k.u.k. Regierung in die Notwendigkeit gesetzt, selbst für die Wahrung ihrer Rechte und Interessen Sorge zu tragen und zu diesem Ende an die Gewalt der Waffen zu appellieren. Österreich-Ungarn betrachtet sich daher von diesem Augenblicke an als im Kriegszustande mit Serbien befindlich.

Der österreichisch-ungarische Minister des Aeußeren Graf Berchtold"

Aber wie kam dieser Text zur serbischen Regierung? Gesandter Giesl hatte Belgrad bereits verlassen, sein serbischer Kollege in

Wien wurde gleichzeitig ersucht, das Land zu verlassen. So schickte man den Text nach Bukarest, von dort ging er in die serbische Hauptstadt, und um 11:00 Uhr begann der Kriegszustand zwischen der k.u.k. Monarchie und Serbien.

Um 11:00 Uhr!

Auf die Stunde, fast auf die Minute genau einen Monat nach dem Tod des Thronfolgerpaares!

*****

Würde es bei einem kleinen, lokalen Konflikt bleiben?

Oder ein kleiner Konflikt mit russischer und deutscher Beteiligung entstehen?

Ein europäischer Krieg?

Ein Weltkrieg?

Auf jeden Fall: Krieg! *Habemus bellum!*, hätten die Kriegsfreunde rufen können. Berchtold heimste Gratulationen en gros ein, wie heute Olympiasieger oder Boxweltmeister. (Zwei Jahre später soll er auf eine Frage nach der Kriegslage trocken erwidert haben: „Lassen Sie mich in Ruh'. Der Krieg langweilt mich schon lange!")

Aber einstweilen war man glücklich. Der Zeitpunkt für den Kriegsbeginn war ideal. Die Ernte bereits geborgen, die Ausbildung der einberufenen Rekruten abgeschlossen!, freuten sich die Chefs dreier Generalstäbe unisono: Moltke in Berlin, Januschkewitsch in St. Petersburg und natürlich Conrad von Hötzendorf in Wien.

Der Generalstabschef der deutschen Armee Helmuth Moltke (1848–1916)

162

Die Botschafter in den wichtigsten Hauptstädten sorgten nach wie vor für die Beschäftigung des Post- und Telegrafierpersonals. Sasonow spielte die Friedenstaube und teilte allen russischen Auslandsvertretungen mit, dass kein Angriff auf Deutschland geplant sei und er seinen Botschafter aus Wien nicht zurückberufen werde – die Militärbezirke Moskau, Odessa, Kiew und Kasan aber wurden mobilisiert! Grey wiederum tat kund, der Konflikt Wien–Belgrad ginge ihn nichts an, erst eine Kontroverse Wien–St. Petersburg würde englische Reaktionen hervorrufen.

Und jetzt werfen wir einen Blick in den Fernen Osten. „Times"-Leser (nicht „Times/London" – es gab auch „Times" in Tokio!) erfuhren, Japan hätte gute Beziehungen mit Österreich-Ungarn, auch mit Russland, mit Deutschland genauso wie mit Großbritannien, aber gar keine Kontakte mit Serbien. Fazit: Japan blieb neutral.

Und zu einem Zeitpunkt, als Grey, Sasonow und andere noch immer glaubten, Zeugen eines lokalen Konfliktes zu sein, telegrafierte Botschafter Lichnowsky aus London nach Berlin:

„Ich möchte dringend davor warnen, an die Möglichkeit der Lokalisierung auch fernerhin zu glauben, und die gehorsamste Bitte aussprechen, unsere Haltung einzig und allein von der Notwendigkeit leiten zu lassen, dem deutschen Volke einen Kampf zu ersparen, bei dem es nichts zu gewinnen und alles zu verlieren hat."

Gibt es in Berlin eine Lichnowskystraße? Lichnowskyplatz? Ein Lichnowsky-Denkmal? Nein? Schade!

*****

Haben wirklich alle anderen begeistert applaudiert? Die „Arbeiterinnen-Zeitung" in Wien blieb ruhig: „An einem dünnen Faden
hängt die Erhaltung des Friedens und wenn der Faden reißt, ... so
ist der Krieg da, *der Krieg mit dem Schrecken und Jammer, mit
dem Leid und Kummer.* ... Wir sind überzeugt, dass für alles, was
Oesterreich-Ungarn im Interesse des Schutzes seiner Staatlich-
keit begehrt, *die Erfüllung im Frieden zu erreichen war,* und
immer noch wäre ..." Mitten im Artikel prangt ein weißer Fleck
mit einem einzigen Wort: *Konfisziert!* Der Zensor hat seine Arbeit
bereits begonnen.

Und Paris erlebte eine Antikriegsdemonstration!

*****

Zu den ersten Kriegsfreiwilligen gehörte in Ungarn ein Herr
namens Beőthy Pál. Sie werden seinen Beruf niemals erraten!
Er war der Präsident des Abgeordnetenhauses im ungarischen
Parlament. Sein österreichischer Politikerkollege, Herren-
hauspräsident Fürst Windisch-Grätz, gehörte ebenfalls zu den
ersten Freiwilligen.

*****

Aber bei allen – für heutige Begriffe – unglaublichen patrioti-
schen Demonstrationen und Kundgebungen in Österreich-Ungarn, bei allen Solidaritätsbekundungen in Deutschland, bei
allem Selbstbewusstsein, bei aller Siegeshoffnung mischten sich
einige Pessimismusströpfchen ins Meer des Optimismus: ein grö-
ßerer Andrang bei Banken, bei Sparkassen, um Geld abzuheben.
Von einem „Sturm" keine Rede, aber der Andrang war laut Pres-
sebericht groß. Nicht nur in der kriegsführenden k.u.k. Monar-

chie, sondern auch im einstweilen noch in Frieden lebenden Deutschland. Der Mann aus dem Volk spürte Gefahr für sein schwer verdientes Geld, das Vertrauen in die Banken bekam Risse – die Sparbücher wurden aufgelöst.

Das Schandurteil – informiert die größte französische Zeitung ihr Publikum nach dem Mordprozess Caillaux. Links der Leitartikel: Der Freispruch. Und rechts ein bisschen bescheidener mitgeteilt: Die Kriegserklärung der Monarchie an Serbien.

Epilog
I. Von Bad Ischl bis Bagdad

Mittwoch, der 29. Juli 1914

Die Kriegserklärung der Habsburgermonarchie an Serbien hätte nach heutigen Begriffen in jeder Zeitung Europas die Schlagzeilen beherrschen müssen. Dennoch war der unglaubliche Freispruch der Madame Caillaux am Vortag in Paris wenigstens für „Le Figaro" das Hauptthema: *„Das Schandurteil!"*, lautete die Schlagzeile groß und fett in der Mitte. *„Der Freispruch"*, lautete daneben links der Leitartikel, und auf die rechte Seite gerutscht war die aktuelle außenpolitische Nachricht: *„La guerre declarée"* – der Krieg ist erklärt. Als die französischen Leser diese Nachricht zur Kenntnis nahmen, beschoss die k.u.k. Armee bereits Belgrad.

$$*****$$

Franz Joseph durfte sich indessen der Lektüre eines anderen Berchtold-Briefes widmen: „Nachdem die Nachrichten von einem Gefecht bei Temes-Kubin keine Bestätigung erfahren haben, habe ich es in Anhoffnung der nachträglichen Genehmigung Eurer Majestät auf mich genommen, aus der Kriegserklärung den Satz über den Angriff serbischer Truppen bei Temes-Kubin zu eliminieren."

„Ich sei, gewährt mir die Bitte, in eurem Bunde der Dritte"[40], hätte Berchtold Januschkewitsch und Bethmann Hollweg zurufen können. Der erste hat seinen eigenen Herrscher angelogen (siehe 24. Juli), der zweite dessen Befehl sabotiert (siehe 28. Juli) –

---

40 Zitat aus *Die Bürgschaft* von Friedrich Schiller (1759–1805).

Berchtold erwies sich mit dieser Temes-Kubin-Ente als würdiger Dritter. Dabei muss festgestellt werden: Franz Joseph hätte die Kriegserklärung im Sinne seines fast mittelalterlich anmutenden Geschichtsbildes auf jeden Fall unterschrieben. Berchtold wollte halt auf Nummer sicher gehen und nützte diese Falschmeldung aus. Franz Joseph hat dann die nachträgliche Entfernung des serbischen Angriffes bei Temes-Kubin natürlich genehmigt. Gefreut hat er sich nicht, irregeleitet worden zu sein, aber was hätte er sonst tun können?

*****

Werfen wir einen Blick nach Russland: Pourtalès, der deutsche Botschafter, jagte den bereits schlafenden Sasonow nach Mitternacht aus dem Bett und erklärte dem Pyjamaträger, Deutschland sei bereit, die Integrität des serbischen Staates zu respektieren. Sasonow gähnte wahrscheinlich – aber diese Erklärung genügte ihm nicht.

Was tat sich sonst noch in der russischen Hauptstadt?

Friedensfreund Nikolaus II. telegrafierte an Wilhelm II.: „… Ein *unwürdiger* Krieg ist an ein *schwaches* Land erklärt worden. Die *Entrüstung* in Russland, die *ich völlig teile*, ist *ungeheuer*. Ich sehe voraus, dass ich sehr bald dem auf mich ausgeübtem *Druck erliegen* und *gezwungen* sein werde, äusserste Massnahmen zu ergreifen, die *zum Kriege* führen werden. Um ein solches Unheil wie einen europäischen Krieg zu verhüten, bitte ich Dich im Namen unserer alten Freundschaft, alles Dir Mögliche zu tun, um Deinen *Bundesgenossen* davon *zurückzuhalten, zu weit zu gehen.*"

Kommen einem da nicht fast die Tränen? Der mächtigste Monarch Europas, der fast absolutistisch herrschende Nikolaus II., dessen Polizei freisinnige Bewegungen brutalst unterdrückte, fürchtete, einem *Druck zu erliegen*? Leider müssen wir hinzufügen: Diese Beurteilung der eigenen Schwäche war absolut richtig!

Die üblichen handschriftlichen Vermerke von Bethmann Hollweg gingen auf die Bitte des Zaren nicht ein: „Das Telegramm enthält eine versteckte Drohung!" Weiter: „einem Befehl ähnliche Aufforderung, dem Alliierten in den Arm zu fallen." …

Reichskanzler Theobald von Bethmann Hollweg (1856–1921)

Der Ausdruck „ignoble war"[41] lässt nicht auf monarchisches Solidaritätsgefühl beim Zaren schließen, sondern auf eine panslawische Auffassung. … „Die Sozen machen Antimilit. Umtriebe in den Strassen, das darf nicht geduldet werden. … Wir können jetzt keine Soz. Propaganda mehr dulden."

*****

Wie erfolgte dieser Druck, dem der Zar erliegen sollte? Botschafter Szapáry, der ewige Optimist, schickte diesmal einen realistischen Text nach Wien: „Der Generalstabschef sieht Seine Majestät alle Tage" (aber der Außenminister nicht …). Ja, und diesem Druck des Militärs ist Nikolaus II. tatsächlich erlegen.

Na gut, St. Petersburg hätten wir erledigt! Schauen wir nach Berlin. Kaiser Wilhelm II. antwortete natürlich sofort dem Gatten seiner Cousine, nämlich Nikolaus II.: „Mit der grössten Beunruhigung höre ich von dem Eindruck, den das Vorgehen Österreichs in Deinem Lande hervorruft. Die gewissenlose Wühlarbeit, die

---

41 Unwürdiger Krieg. Originalsprache des Telegramms war Englisch.

seit Jahren in Serbien am Werke war, hat schliesslich zu dem abscheulichen Verbrechen geführt, dem Erzherzog Franz Ferdinand zum Opfer gefallen ist. Der Geist, der die Serben zu Mördern ihres eigenen Königs und seiner Gemahlin machte[42], herrscht noch im Lande. ... Andererseits verstehe ich vollkommen, wie schwierig es für Dich und Deine Regierung ist, den Strömungen Eurer öffentlichen Meinung entgegenzutreten. Im Hinblick auf die herzliche und innige Freundschaft, die uns beide seit langem mit festem Bande verbindet, biete ich daher meinen ganzen Einfluss auf, um Österreich zu veranlassen, durch sofortiges Handeln zu einer befriedigenden Verständigung mit Dir zu kommen."

Gezeichnet (im englischen Originaltext):

"Your very sincere and devoted friend and cousin Willy."

Also: Der aufrichtige und ergebene Freund und Cousin, Willy, verspricht dem lieben Nicky, Wien Mäßigung gegenüber Russland anzuraten ...

Außenminister Jagow schrieb gleichzeitig nach Brüssel – sein Thema und sein Stil aber waren wesentlich härterer Natur: Er schrieb dem deutschen Botschafter Below und wies ihn an, einen Brief an die belgische Regierung später einmal zu überreichen (Zeitpunkt noch nicht fixiert). In diesem Brief bedauerte Jagow, dass französische Streitkräfte *angeblich* an der belgischen Grenze aufmarschiert seien und Belgien bedrohten. Deutschland wolle diesem feindlichen Akt zuvorkommen und bitte die Regierung in Brüssel, das Gebiet Belgiens mit seiner Armee betreten zu dürfen, um Frankreich vom Norden her anzugreifen. „Mit dem größten Bedauern würde es daher die deutsche Regierung erfül-

---

42 Wilhelm II. meinte die Ermordung des serbischen Königspaares 1903 (siehe auch Einleitung/Serbien).

len, wenn Belgien einen Akt der Feindseligkeit gegen sich darin erblicken würde, dass die Maßnahmen seiner Gegner Deutschland zwängen, zur Gegenwehr auch seinerseits belgisches Gebiet zu betreten."

Würde das seit dem 19. April 1839 neutrale Belgien den deutschen Truppen den Durchmarsch erlauben, dann könnte es nach dem gewonnenen Krieg sogar neue Gebiete erwerben, eventuelle Schäden würde die deutsche Regierung sofort ersetzen. Sollte sich aber Belgien weigern, dann würde dies Deutschland als feindlichen Akt auffassen. Die Brüsseler Regierung habe 24 Stunden Zeit, um diese Note zu beantworten.

Aber der liebe Botschafter Below solle sich nicht beeilen, es würde ihm noch mitgeteilt werden, wann er zur Übergabe schreiten solle. Übrigens meldete sich an diesem Tag auch der britische Premierminister, Lord Asquith, zu Wort und stellte mit staatsmännischer Sicherheit und genialem Urteilsvermögen fest, dass die Lage ernst sei.

Es fehlt uns noch ein Blick nach Frankreich. Hier demonstrierten die Menschen, um die Armee und Serbien hochleben zu lassen. Sie zogen zur Botschaft Österreich-Ungarns, aber die Polizei schritt erfolgreich ein. Es gab auch andere Demonstrationen, und zwar für und gegen Mme. Caillaux beziehungsweise für und gegen die Geschworenen.

*****

Am 29. Juli kamen Poincaré und Viviani endlich in Dünkirchen an. Vier Tage hatte die Reise gedauert. Sie hätte länger dauern sollen, aber mit Rücksicht auf die Krise wurden die Staatsbesuche in Oslo und in Kopenhagen abgesagt. Und am selben Tag erhielt Berchtold ein Telegramm aus Paris, das nicht mehr den ständigen Optimismus Szécsens ausstrahlte: „Frankreich trifft unzweifelhaft gewisse militärische Vorbereitungen, wie dies von den Zeitungen vielleicht mit gewisser Uebertreibung verkündet wird."

Der Optimismus ist doch nicht total weg: Die Zeitungen *übertreiben vielleicht*. Nun, diese Zeitungen werden nicht übertrieben haben, denn ohne militärische Vorbereitungen hätte General Joffre rund sechs Wochen später die Marneschlacht kaum gewinnen können.

Jetzt fehlt uns noch ein Blick auf London. Auf das österreichfreundliche London! „Jawohl, die öffentliche Meinung ist überwiegend austrophil", erklärte Grey, aber ...

... aber sie begann zu kippen. Warum wohl? Wegen der Unnachgiebigkeit Wiens!

Außerdem: Serbien, Sarajevo konnten die britische Öffentlichkeit nicht wirklich aufregen. Das asiatische Hemd war näher als der balkanische Mantel. Man lese ein undatiertes, anonymes englisches Flugblatt: „Warum sollen wir Russland helfen, den Kontinent zu beherrschen? Fünfzig Millionen Pfund haben wir im Krimkrieg für dieses Russland hergegeben, das unser indisches Reich bedroht. Noch in den letzten Wochen hat man in den Straßen jener Hauptstadt friedliche Bürger niedergeschossen. Was ist die größere Gefahr für uns: 65 Millionen von unserem Blute, tätig im Handel und friedlicher Industrie, oder 170 Millionen Russen, Sklaven einer verdorbenen Autokratie?"

Serbiens Exfeind aus dem Zweiten Balkankrieg, Bulgarien, erfreute Pašić mit einer guten Nachricht: Bulgarien bliebe diesmal neutral! Die serbische Freude sollte aber nicht ewig dauern:

Im Oktober 1915 erklärte Bulgarien seinem serbischen Nachbarn den Krieg.

*****

Die staatliche Bürokratie in Österreich reagierte mit erstaunlicher Geschwindigkeit auf die zu erwartenden Probleme der Verwandten der Soldaten: Angehörigen der Mobilisierten stehe ein Unterhaltsbetrag zu, wurde beschlossen. Der Betrag war nicht einheitlich geregelt, er war in Innsbruck am höchsten mit 1,50 K pro Tag und Person, in der Bukowina am bescheidensten mit 0,91 K. Dazu kam eine Mietzinsbeihilfe (50 Prozent des o. e. Betrages). Folgende Bestimmung war für damalige Begriffe fast revolutionär: Auch uneheliche Kinder und deren Mütter sollten berücksichtigt werden. Trotzdem kann man natürlich darüber diskutieren, ob diese Unterstützung zum Leben zu wenig, zum Sterben zu viel war, entsprach ja eine Krone anno 1914 ungefähr fünf Euro des Jahres 2013[43].

Donnerstag, der 30. Juli 1914

Jetzt wurde endlich der Schleier gelüftet, wodurch sich Hartwigs Herzprobleme verschlechtert hatten (siehe 10. Juli)! Der serbische Kronprinz, Alexander, belästigte ständig Hartwigs Tochter, die einen anderen Favoriten hatte. Nun, Anti-Stalking-Paragrafen gab es 1914 noch nicht (schon gar nicht, wenn es um einen stalkenden Kronprinzen ging), was dazu führte, dass diese Angelegenheit Hartwig als Vater sehr belastet hat.

*****

---

43 Umrechnung lt. offizieller Statistik. Die wichtigsten Lebensmittelpreise etc. waren allerdings billiger.

Überraschung! Bethmann Hollweg kommt zwei Tage nach der k.u.k. Kriegserklärung drauf, dass die Sache auch danebengehen könnte, es stünden ja zwei Staaten (Deutschland und Österreich-Ungarn) vier Feinden gegenüber (Serbien, Russland, Frankreich, Großbritannien). Er teilte seine Bedenken Botschafter Tschirschky in Wien mit: „Unter diesen Umständen müssen wir die Erwägung des Wiener Kabinetts ... anheimstellen, die Vermittlung der angegebenen ehrenvollen Bedingungen anzunehmen."

Der arme Tschirschky wird kaum sein Erstaunen überwunden haben, schon flatterten die nächste Zeilen Bethmann Hollwegs auf seinen Schreibtisch: „Wir sind zwar bereit, unsere Bündnispflicht zu erfüllen, müssen es aber ablehnen, uns von Wien leichtfertig und ohne Beachtung unserer Ratschläge in einen Weltbrand hineinziehen zu lassen."

Aber, aber, lieber Herr Reichskanzler, haben Sie schon vergessen, dass Sie selbst diesen Krieg befürwortet haben? Dass Sie die Friedensinitiative Ihres Kaisers sabotiert haben (siehe 28. Juli)?

An diesem Tag war Außenminister Jagow härter als Bethmann Hollweg: Er telegrafierte allen deutschen Außenvertretungen, die jeweiligen Regierungen zu informieren: „Schuld an der ganzen Krise ist der großserbische Chauvinismus ... eine Quelle dauernder Beunruhigungen für die österreichisch-ungarische Monarchie und für ganz Europa ..."

Eine führende Persönlichkeit war nach wie vor gegen den Krieg, hatte aber nicht die Kraft, sich durchzusetzen: Nikolaus II.! Er empfing Sasonow, dieser bearbeitete ihn eine Stunde lang, aber der Zar wehrte sich: „Bedenken Sie, dass es sich darum handelt, Tausende ... Menschen in den Tod zu schicken." Letzten

Endes warf der Monarch das Handtuch: „... Telefonieren Sie dem Generalstabschef, dass ich den Befehl zur allgemeinen Mobilmachung erteile."

(Da wird aber der Herr Minister Suchomlinow Recht gehabt haben: Sasonow war ein großer Kriegsfreund – siehe 25. Juli.)

*****

Verlassen wir die Welt der Monarchen und Minister: Was tat sich im Volk? War es für einen Krieg? Für einen Weltkrieg? Oder dagegen?

Im malerischen Mostar in der Herzegowina gab es eine antiserbische Demonstration. Die Polizei griff ein, lesen wir die amtliche Meldung: „... Einer der Demonstranten (Katholik) wurde von einer Patrouille erstochen."

In Paris begeisterte der aus Berlin zurückgekehrte große Kriegsgegner, der Sozialistenführer Jean Jaurès, bei einer Versammlung seine Anhänger: „... zu Tausenden haben unsere Berliner Kameraden manifestiert. Noch nie hat die deutsche Arbeiterschaft der Menschheit einen solchen Dienst erwiesen. Französische Sozialisten waren unter ihnen und riefen im Zuge Unter den Linden: Nieder mit dem Kriege! ... Ich danke den deutschen Kameraden im Namen der französischen und gelobe: Wir wollen sie im entschlossenen Kampf gegen den Attilaritt der Kriegstreiber weiter brüderlich stützen, treu bis in den Tod."

Der Optimismus von Jaurès war gar nicht so übertrieben. Sein Pendant in Berlin war der deutsche Sozialistenführer Hugo Haase. Für Haase war es ein Ding der Unmöglichkeit, dass deutsche Arbeiter auf französische Arbeiter schössen oder umgekehrt. Und es schaute schon so aus, als ob es ihm gelingen würde, seine Partei (damals immerhin die stärkste Fraktion im Reichstag!) gegen den Krieg zu mobilisieren.

*****

Ob der Berliner Arzt Dr. Arthur Bernstein ein guter oder ein schlechter Arzt war, wissen wir nicht. Wenn aber seine medizinischen Diagnosen und Prognosen genauso richtig waren wie seine politischen, dann ist er der Arzt des Jahrhunderts gewesen. Für die „Berliner Morgenpost" schrieb er einen Artikel: „… Italien macht nicht mit, jedenfalls nicht mit uns; wenn überhaupt, so stellt es sich auf die Seite der Entente. Zweitens: England bleibt nicht neutral, sondern steht Frankreich bei … England duldet auch nicht, dass deutsche Heeresteile durch Belgien marschieren. … Kämpft aber England gegen uns, so tritt die ganze englische Welt, insbesondere Amerika, gegen uns auf. … Drittens: Japan greift Russland nicht an, wahrscheinlich aber uns. … Viertens: Die skandinavischen Staaten (unsere „germanischen Brüder") werden uns verkaufen, was sie entbehren können, aber sonst sind sie uns nicht zugeneigt."

Dieser Artikel durfte übrigens damals am 30. Juli 1914 nicht erscheinen! Er wurde fünf Jahre später aufgefunden und glücklicherweise aufgehoben.

*****

Die Zensoren waren nicht nur im Deutschen Reich, sondern auch in k.u.k. Gefilden fleißig: Die Abendausgabe des sicher nicht revolutionären „Prager Tagblattes" wurde konfisziert, erschien jedoch bald danach in einer leicht geänderten Form.

Sehr wohl erscheinen durfte in Wien die „Reichspost" samt

Leitartikel. Nur einige Zitate: „Kriege sind Prozesse der Läute-
rung und Reinigung, sind Saatfelder der Tugend und Erwecker
von Helden. ... Die Kriege sind ein Segen, nicht nur der Ideale
willen. ... Friedenszeiten sind gefährliche Zeiten ..."

Aber in Friedenszeiten ist die Gefahr der Inflation meist gerin-
ger. Kaum war der Krieg 24 Stunden alt, teilte in Wien die Firma
Julius Meinl mit, die früheren billigen Preise aufrechtzuerhalten.
Um aber Wiederverkäufern, präsumtiven Schwarzhändlern kein
Spielfeld zu bieten, wurden nur kleine Mengen abgegeben: ¼ kg
Kaffee, 1 kg Zucker, ¼ kg Tee pro Person, und so hoffte man,
auch künftig alle Kunden versorgen zu können. Diese Nachricht
stand in derselben Nummer der „Reichspost" (allerdings nicht im
Leitartikel).

Freitag, der 31. Juli 1914

Bethmann Hollweg schien seine friedliche Periode vom Vortag
überwunden zu haben und schrieb seinem Pariser Botschafter,
Baron Schoen, er möge in Paris nachfragen, ob Frankreich in
einem deutsch-russischen Konflikt neutral bleiben würde. Antwort in 18 Stunden erwartet! Und wenn die Frage bejaht werde,
habe Frankreich die Festungen Toul und Verdun als Faustpfand
Deutschland zu übergeben!

Nicht minder kämpferisch war an diesem Tag die andere Seite:
„Russische Untertanen, die in Frankreich leben, dürfen der französischen Armee beitreten, wenn ihnen der Kontakt mit der Hei-
matarmee nicht gelingt!", las in Paris Botschafter Iswolski die
neuesten Order aus St. Petersburg.

An diesem Tage griff sogar König Georg V. in die Gescheh-
nisse ein! Lesen wir sein Telegramm an den Bruder Wilhelms II.,

an den Prinzen Heinrich von Preußen (oder, wenn Sie wollen: an seinen Cousin): "So pleased to hear of William's efforts to concert with Nicky to maintain peace … My government is doing its utmost, suggesting Russia and France to suspend further military preparation, if Austria will consent to be satisfied with occupation of Belgrade and the neighbouring Servian territory."

Also: Georg V. freut sich, von Wilhelms Bemühungen zu hören, mit Nicky (= mit dem Zaren) den Frieden zu erhalten. Und seine Regierung tut alles, um Russland und Frankreich von weiteren militärischen Schritten abzuhalten, wenn Österreich sich mit der Okkupation Belgrads und der benachbarten Gebiete zufriedengibt.

Man muss sich diese Zeilen auf der Zunge zergehen lassen: Die meistgefürchtete militärische Großmacht, das Vereinigte Königreich, hätte der Okkupation der serbischen Hauptstadt durch die k.u.k. Armee zugestimmt! Und durch den Botschafter Tschirschky wurde dieser Text noch am selben Tag in Wien bekannt!

*****

Die englischen Vermittlungsvorschläge erreichten an diesem Tag den wieder einmal zusammengetretenen gemeinsamen Ministerrat in Wien. Sie wurden natürlich abgelehnt. Tisza meinte, verhandelt könne nur werden, wenn die Aktion gegen Serbien weitergehen könne (da hätte England kaum etwas dagegen gehabt) und wenn Russland die Mobilisierung einstellte, aber das war bei Kenntnis der Durchsetzungsfähigkeit des Duos Suchomlinow & Januschkewitsch utopisch.

Und auch technisch unmöglich.

So stand es auf jeden Fall im x-ten Telegramm Nikolaus' II. an Wilhelm II.: „Es ist *technisch* unmöglich, unsere militärischen Vorbereitungen einzustellen. ... Solange die Verhandlungen mit Österreich wegen Serbiens andauern, werden meine Truppen keinerlei *herausfordernde* Handlung unternehmen. Ich gebe Dir mein feierliches Wort darauf. Ich setze mein ganzes Vertrauen in Gottes Gnade und hoffe auf den Erfolg Deiner Vermittelung in Wien ..."

Diese Vermittlungsversuche aber würden durch die russische Mobilisierung gegen Österreich-Ungarn torpediert, meinte Wilhelm II.

*****

Jean Jaurès, der überzeugte französische Kriegsgegner, der große Volksredner vom Vortag, pflegte an diesem Tage private Kontakte. Er saß mit einigen Freunden in seinem Stammlokal, im „Café du Croissant". Einer der Freunde berichtete soeben stolz, Großvater geworden zu sein.

Auf einmal fielen zwei Schüsse. Jaurès sackte tödlich getroffen zusammen. „Es ist wahrscheinlich, dass der fluchwürdige Mörder ein Nationalist ist", kombinierte am 1. August ein Redakteur der „Arbeiter-Zeitung" in Wien messerscharf wie Sherlock Holmes.

Der sozialistische Politiker Jean Jaurès (1859–1914)

Diese Folgerung war absolut richtig. Der Täter, Raoul Villain, ein radikaler Chauvinist, wurde festgenommen und abgeführt. Er saß fast fünf Jahre in Untersuchungshaft, sein Prozess fand erst nach dem Weltkrieg statt. Die Geschworenen sprachen ihn am 29. März 1919 frei, sie bewerteten Villains Tat als patriotische Aktion. Die Witwe des Ermordeten musste für alle Prozesskosten aufkommen.

Erfreulichere, sogar lustige Nachrichten aus Frankreich: Einer der bekanntesten und beliebtesten Filmkomiker wurde an diesem Tag geboren: Louis de Funès.

Samstag, der 1. August 1914

Knapp nach 14:00 Uhr flehte Nikolaus II. Wilhelm II. noch telegrafisch an: „Unserer langbewährten Freundschaft muss es mit Gottes Hilfe gelingen, Blutvergiessen zu vermeiden."

Um 18:45 Uhr erklärte Deutschland Russland den Krieg: Botschafter Pourtalès übergab Sasonow die Note, die natürlich die ganze Verantwortung Russland aufgebürdet hatte. „Sa Majesté l'Empereur, mon auguste Souverain au nom de l'Empire, relevant le défié se considère en état de guerre avec la Russie", lautete der letzte Satz, das heißt: „Seine Majestät, mein erhabener Herr, nimmt im Namen des Reiches die Herausforderung an und betrachtet sich als im Kriegszustand mit Russland."

Bei der Übergabe jammerte Sasonow den deutschen Botschafter an: „Was konnt' ich als Minister des Äußeren tun, wenn der Kriegsminister dem Zaren erklärte, dass die Mobilmachung notwendig wäre." Pourtalès betonte, immer für die deutsch-russische Freundschaft gearbeitet zu haben und die neue Lage zu bedauern – daraufhin fiel ihm Sasonow um den Hals: „Croyez-moi nous vous reverrons!" („Glauben Sie mir, wir sehen Sie wieder!")

Daraufhin begab sich der deutsche Botschafter nach Hause, um sich auszuschlafen, wurde aber knapp nach Mitternacht von einem russischen Beamten geweckt: Der Extrazug wartet auf Seine Exzellenz um 8:00 Uhr, um Russland zu verlassen. Ab nach Schweden, von dort nach Deutschland.

Also: Blitzschnell Koffer packen, am 2. August um 8:00 Uhr konnte der Sonderzug St. Petersburg verlassen.

*****

Um 22:30 Uhr antwortete Wilhelm II. auf das einige Stunden alte Telegramm des Zaren. Nikolaus II. vermerkte bitter handschriftlich: „Erhalten nach der Kriegserklärung."

Der Deutsche Kaiser empörte sich in einer handschriftlichen Notiz: „Ich konnte nicht voraussetzen, dass der Zar sich auf seiten von Banditen und Königsmördern stellen würde. Einer solchen Mentalität ist ein Germane unfähig, die ist slawisch oder lateinisch."

*****

Italien erklärte, neutral zu bleiben. Der Dreibundvertrag verpflichtete nur im Falle eines Verteidigungskrieges, jetzt aber hatten die Partner, sowohl Österreich-Ungarn als auch Deutschland, den Krieg erklärt – das heißt, Italien brauchte nicht einzusteigen!

*****

Russland im Krieg!

Ganz Europa stellte die Frage: Wie wird sich Frankreich verhalten? Nimmt es seine Bündnispflichten wahr, steigt es in den Krieg ein?

Diese Frage wurde an Viviani gestellt. Seine Antwort war die Antwort eines gewieften Politikers: Frankreich würde das tun, was seinen Interessen entspräche.

Poincaré ging einen Schritt weiter: „Ja, wir stehen zu unseren Pflichten als Verbündeter Russlands!" Allerdings – und jetzt lesen wir den telegrafischen Bericht des russischen Botschafters, Iswolski, an Sasonow: „ … braucht die Regierung zur Kriegserklärung einen Beschluss des Parlaments, dessen Einberufung mindestens zwei Tage erfordert. Übrigens wies Poincaré darauf hin, dass Deutschland nicht darauf warten werde, dass Frankreich ihm den Krieg erklärt." (Nebenbei: Alle Fraktionen im Parlament waren mit dem Kriegseintritt einverstanden.)

Iswolski wurde bisher kaum erwähnt. Dabei war er, der ehemalige Außenminister, einer der wichtigsten, einflussreichsten, überzeugtesten Vertreter des großrussischen Nationalismus, der panslawischen Idee. Sasonow schickte ihm ab und zu interessante Telegramme: „Sollte Rumänien im Krieg mit Russland gemeinsame Sache machen, dann ist der Bukarester Regierung unsere Unterstützung bei der Erwerbung Siebenbürgens zu versprechen."

Iswolskis Botschafterkollege Schebeko telegrafierte ihm aus Wien nach Paris: Nach den ersten Erfolgen der k.u.k. Armee könnte man den Krieg eigentlich beenden! Schebeko zweifelte nämlich an Englands Bündnistreue, die Mitglieder der britischen Botschaft in Wien sprachen offen ihre Sympathie für Österreich aus. Die Frage war nur: Wer sollte zwischen den beiden Streitparteien vermitteln? Ähnliche Zweifel quälten in Belgrad Hartwigs Ersatzmann, Strandtmann, ebenfalls in einem Telegramm an Iswolski. Aber Vesnić, der serbische Gesandte in Paris, winkte ab und kommentierte alle Vermittlungsversuche beinhart, aber realistisch: „Dafür ist es bereits zu spät!"

*****

Die allgemeine Atmosphäre wurde unruhiger, unangenehmer, kälter. In der Luxusstadt an der Riviera, in Nizza, wurden alle deutschen, österreichischen und ungarischen Staatsbürger aufgefordert, Frankreich innerhalb von 24 Stunden bei sonstiger Festnahme zu verlassen. Der k.u.k. Konsul Ritter von Stepski konnte nach mehreren Interventionen 72 Stunden Aufschub erkämpfen (mit Rücksicht auf Kranke, auf Zeitaufwand bei Geldbehebung bei den Banken etc.). In der schönen, friedlichen, Reichtum ausstrahlenden Rivierastadt Nizza gab es antideutsche und antiösterreichische Straßendemonstrationen, an denen sich auch die dort lebenden Italiener beteiligten. Zirka 1000 k.u.k Staatsangehörige hätten Frankreich verlassen, meldete Stepski drei Wochen später. Viele von ihnen kamen nach Wien, wo Bürgermeister Weiskirchner andere Sorgen hatte: Er erklärte, scharf gegen Lebensmittelhamsterer und Preistreiber vorgehen zu wollen. Die Versorgungsschwierigkeiten scheinen recht früh begonnen zu haben …

Um aber auf die an der Riviera ausgewiesenen Staatsbürger der Mittelmächte zurückzukommen: Auf der anderen Seite wird's genauso abgelaufen sein …

Sonntag, der 2. August 1914

Die deutsche Note an Belgien (siehe 29. Juli) wurde überreicht, allerdings mit einer kürzeren Fristsetzung als ursprünglich vorgesehen: Aus 24 Stunden wurden zwölf! Dem benachbarten Luxemburg erklärte Deutschland den Krieg.

*****

„Russische Truppen haben die deutsche Grenze überschritten!",
meldete Botschafter Szőgyény aus Berlin nach Wien! Na gut, das
war eh schon nach der Kriegserklärung, das regt uns nicht besonders auf. Dafür aber seine nächste Meldung: „Französische Flug-
zeuge bombardierten Nürnberg ohne Kriegserklärung." Ein starkes Stück! Ob Szőgyény den Wahrheitsgehalt dieser Nachricht
überprüft hat, ist unbekannt, wahrscheinlich nicht, aber Falsch-
meldungen gab es in diesen Tagen auf beiden Seiten.

Von Moltke war lange nicht mehr die Rede, er tobte sich in
einem Schreiben an Jagow aus und schlug einige Maßnahmen
vor: Die befreundete Türkei solle überredet werden, Russland den
Krieg zu erklären, Persien möge sich den Türken anschließen, um
das russische Joch abzuschütteln, in Ägypten, Südafrika und
Indien mögen antienglische Aufstände entfacht werden, auch
Schweden solle in den Krieg gegen Russland eintreten (dafür solle nach dem Sieg Finnland an Schweden angeschlossen werden),
die holländische Regierung möge – genauso wie die belgische –
aufgefordert werden, den deutschen Truppen den freien Durchmarsch zu ermöglichen, außerdem sollten die deutschen Diplomaten Japan überreden, seine Aspirationen gegenüber Russland
zu realisieren.

Reicht das?

*****

Ausnahmsweise kam aus Sinaia (Rumänien) ein Telegramm nach
Wien, mit dem das Außenministerium nicht viel Freude haben
sollte. Botschafter Graf Czernin teilte mit: „… Hiesige Franzosen
haben Einberufung erhalten." Logischerweise schlug er vor,
ihnen die Durchreise zu verwehren.

Montag, der 3. August 1914

Poincarés Prophezeiung (siehe 1. August) bewahrheitete sich: Deutschland wartete nicht darauf, dass beide Häuser des französischen Parlaments zusammengetrommelt wurden, um zu diskutieren und abzustimmen. Nein, Deutschland tat Frankreich den Gefallen, war schneller und erklärte um 6:00 Uhr Nachmittag seinem Nachbarn und Erbfeind den Krieg. Und hätte Admiral Tirpitz seine Flotte flotter mobilisieren können, wäre die Kriegserklärung einige Stunden früher erfolgt. Emil Ludwig, dessen Buch über den Kriegsausbruch heute zu den Klassikern zählt, verglich Frankreich mit einer Jungfrau, die überfallen werden will. Nun, dieser Wunsch ging in Erfüllung. Übrigens: deutsches Militärbudget 1914: 441,65 Mio. $. Französisches Militärbudget 1914: 197,38 Mio. $.

Dass Frankreich einem Krieg nicht abgeneigt war, hatte bereits ein halbes Jahr zuvor ein interessanter Zeuge erklärt: Benckendorff, der deutschblütige russische Diplomat. „Frankreich ist die einzige Großmacht, die, um nicht zu sagen, den Krieg wünscht, ihn doch ohne großes Bedauern sehen würde."

Botschafter Iswolski war an diesem Tag wahrscheinlich der glücklichste Mensch in Paris: „Das ist mein Krieg … der stolzeste Tag meines Lebens. … Vier Jahre auf meinem Posten haben genügt, um mein Ziel zu erreichen."

Sein Botschafterkollege Szécsen strahlte nicht mehr den üblichen Optimismus aus: Er musste nach Wien berichten, dass Pariser Wohnungen deutscher, österreichischer und ungarischer Staatsbürger geplündert worden waren. Natürlich protestierte Szécsen bei Viviani. Dessen Reaktion: „Ich bedauere …"

Und was tat Berchtold?

Er schrieb einen schönen Brief an Franz Joseph:

„Allergnädigster Herr!

Ich nehme mir die ehrerbietigste Freiheit, Euer Majestät in der Anlage den Entwurf eines Telegrammes an Allerhöchstderen Botschafter in St. Petersburg zu unterbreiten, mit welchem Graf Szápáry beauftragt wird, der kaiserlich russischen Regierung zu notifizieren, dass die Monarchie gemäß ihrem Bündnisvertrage mit dem Deutschen Reiche sich als mit Russland im Kriegszustande betrachtet.

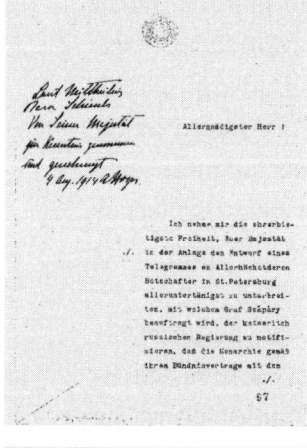

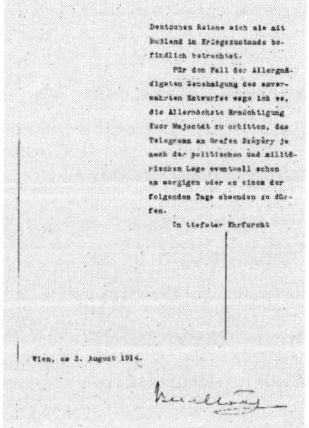

Für den Fall der Allergnädigsten Genehmigung des anverwahrten Entwurfes wage ich es, die Allerhöchste Ermächtigung Euer Majestät zu erbitten, das Telegramm an Grafen Szápáry je nach der politischen und militärischen Lage eventuell schon am morgigen oder an einem der folgenden Tage absenden zu dürfen.

Wien, am 3. August 1914.

In tiefster Ehrfurcht

Berchtold"

Und am nächsten Tag, am 4. August, notierte Graf Hoyos handschriftlich auf diesem Brief: „Von Seiner Majestät zur Kenntnis genommen und genehmigt."

Wer kann heute noch so schön formulieren? Aber die ehrerbietigste Freiheit, die Allerhöchstderen Botschafter und die alleruntertänigste Unterbreitung führten zum allerunnötigsten Krieg.

Dienstag, der 4. August 1914

Die deutschen Sozialisten entschieden sich für ihren Kaiser Wilhelm II. und gegen ihren eigenen Parteichef, Hugo Haase: Sie stimmten im Reichstag für die Kriegskredite. Haase stimmte im Sinne der Parteidisziplin mit (siehe 30. Juli).

*****

Da Belgien weder innerhalb von 24 Stunden noch innerhalb von zwölf Stunden bereit war, seine Neutralität aufzugeben, erklärte Bethmann Hollweg, der deutsche Durchmarsch sei ein Teil des deutschen Existenzkampfes, nach dem Motto „Not kennt kein Gebot".

Jetzt hieß es in London: Kann der deutsche Angriff auf das neutrale Belgien[44] akzeptiert werden oder nicht? Asquith und Grey waren ursprünglich sicher keine Kriegshetzer, aber jetzt wurden sie hart und setzten sich durch. Zwei Minister demissionierten allerdings, weil sie mit der Kriegserklärung an Deutschland nicht einverstanden waren.

Der Berliner Botschafter Englands, Mr. Goschen, ging mit der Kriegserklärung zu Bethmann Hollweg. Dieser war wegen genau eines Wortes entsetzt: Neutralität, die in Kriegszeiten so oft verletzt wurde. Wegen eines Fetzens Papier würde England gegen eine verwandte Nation kämpfen …

Unter einem „Fetzen Papier" verstand der deutsche Reichskanzler die Garantien der belgischen Neutralität. Vielleicht trug diese zynische Bemerkung dazu bei, dass die allgemeine Stimmung in England kippte: Es kam zu den lächerlichsten Verleum-

---

44 „Der deutsche Einmarsch in Belgien war ‚unser größtes Unglück'", stellte Graf Ottokar Czernin, der spätere k.u.k. Außenminister, fest.

dungen, es kam zu Gruselgeschichten über die Deutschen, über die deutsche Armee. Als Retourkutsche dichtete Ernst Lissauer seinen *Hassgesang auf England.* Wilhelm II. notierte: „… unsere Konsuln in Türkei und Indien, Agenten usw. müssen die ganze mohammedanische Welt gegen dieses verhasste, verlogene, gewissenlose Krämervolk zum wilden Aufstand entflammen …"

Der ärgste Englandfeind in Deutschland war – nach Anfang September geäußerter Ansicht des k.u.k. Gesandten in München – ein gebürtiger Engländer, nämlich Hauston Steward (sic!) Chamberlain, „… er hält nämlich … sein mit Blindheit geschlagenes Vaterland … für verantwortlich für das entsetzliche, über Europa eingebrochene Unglück …"[45]

Gleichzeitig in London: Außenminister Grey und der scheidende deutsche Botschafter Lichnowsky hatten auch Tränen in den Augen (siehe Sasonow/Pourtalès in St. Petersburg am 1. August). Sie umarmten einander sogar!

Der Schreiber dieser Zeilen war kein Augenzeuge der o. e. Szenen und möchte seine Hände für die Richtigkeit dieser Behauptungen nicht ins Feuer legen.

*****

Die ersten Versorgungsschwierigkeiten (siehe 1. August) wurden schon erwähnt, jetzt ging es wilder zu. Sasonow schrieb wieder ein Telegramm, und zwar wieder an Iswolski: „Österreich-Ungarn fehlen 10 Millionen Quintal Getreide [Quintal = Zentner]! Rumänien könnte liefern! Frankreich bittet Russland, Rumänien

---

45 Korrekte Schreibweise: Houston Stewart Chamberlain (1855–1927). Er lebte 1888 bis 1908 in Wien, schrieb in Wien sein Hauptwerk, *Die Grundlagen des XIX. Jahrhunderts,* einen Klassiker der Rassenlehre! Nachher lebte er in Deutschland, wurde deutscher Staatsbürger und heiratete eine Tochter Richard Wagners.

zu bewegen, das Getreide lieber nach Frankreich oder nach England zu schicken, nicht aber an die Donaumonarchie [die damals noch keinen Krieg mit Frankreich führte]."

Was aber an diesem Telegramm am wichtigsten ist: In der Korrespondenz zwischen Sasonow und Iswolski knapp nach Kriegsanfang tauchen sehr oft Rumänien, Italien, Bulgarien, die Türkei und Griechenland als mögliche Verbündete auf. Da hatten sich Sasonow & Iswolski teilweise verkalkuliert: Die Türkei und Bulgarien traten auf der Seite der Mittelmächte in den Krieg ein.

Mittwoch, der 5. August 1914

Die Zustimmung der deutschen Sozialdemokraten zu den Kriegskrediten inspirierte jemanden zu einem äußerst pathetisch-patriotischen Leitartikel: „Diesen Tag des vierten August werden wir nicht vergessen. Wie immer die eisernen Würfel fallen mögen – und mit der heißesten Inbrunst unseres Herzens hoffen wir, dass sie siegreich fallen werden für die heilige Sache des deutschen Volkes: das Bild, das heute der deutsche Reichstag, die Vertretung der Nation, bot, wird sich unauslöschlich einprägen in das Bewusstsein der gesamten deutschen Menschheit, wird in der Geschichte als ein Tag der stolzesten und gewaltigsten Erhebung des deutschen Geistes verzeichnet werden. … Und so zieht das deutsche Volk einig in den Kampf um die Bewahrung seines staatlichen und nationalen Daseins. Auf der anderen Seite elende Spekulationen, Schacherkoalitionen, denen jede sittliche Idee fehlt. …"

Von wem dieser Artikel stammt?

Wie wäre es mit einem Quiz?

Also: Der Autor war (Namen in alphabetischer Reihenfolge):
a. Friedrich Austerlitz, Chefredakteur der sozialdemokratischen „Arbeiter-Zeitung" in Wien;
b. Franz Conrad von Hötzendorf, Chef des k.u.k. Generalstabes;
c. Helmuth von Moltke jun., Chef des Großen Generalstabes von Deutschland;
d. Georg Ritter von Schönerer, der radikalste österreichische Vertreter des großdeutschen Nationalismus.
Gratuliere, Sie haben's erraten! Richtige Lösung: a.

Übrigens: Nicht nur die deutsche Sozialdemokratie fiel um (bis auf wenige Ausnahmen). Viktor Adler in Wien meinte, eine Niederlage wäre das Ärgste. Also: Kämpfen! Sein Parteifreund in Russland, Kerenski, riet den Arbeitern und Bauern: „… wenn ihr euer Land verteidigt habt, befreit es!" Die Parteileitung der Labour Party in Großbritannien erklärte ursprünglich: „Arbeiter Großbritanniens! Ihr habt keinen Streit mit den Arbeitern Europas." Ihr Umschwung erfolgte nach dem deutschen Angriff auf Belgien. Generell kann man sagen, in den Ententemächten hieß es für Sozialdemokraten, Liberale etc.: Kampf gegen zwei reaktionäre Kaiserreiche! In Deutschland und in Österreich wiederum sollte man gegen die allerreaktionärste Knutenherrschaft des Zaren kämpfen.

Donnerstag, der 6. August 1914
Die österreichisch-ungarische Monarchie (Militärbudget 1914: 181,76 Mio. $) erklärt dem russischen Reich (Militärbudget 1914: 440,80 Mio. $) den Krieg.

*****

Die „Neue Freie Presse" brachte an diesem Tag einen Artikel Stefan Zweigs. Der große Vertreter des Humanismus, Liberalismus, Pazifismus, der große Feind aller Nationalismen stellte fest: „Mit beiden Fäusten, nach rechts und links, muss Deutschland jetzt zuschlagen ... Erstarkt in mehr als vierzig fruchtbaren Friedensjahren, und doch keineswegs verweichlicht ... tritt es an unsere Seite zur Schwertbruderschaft ..." usw. usw.

Wenn der heutige Mensch diese Aufwallung der Kriegsbegeisterung nicht versteht, dann lesen wir bei Stefan Zweig weiter. In seinem Buch *Die Welt von gestern* erinnert er sich ein Vierteljahrhundert später an diese Tage: „... muss ich bekennen, dass in diesem ersten Aufbruch der Massen etwas Großartiges, Hinreißendes und sogar Verführerisches lag, dem man sich schwer entziehen konnte. Und trotz allem Hass und Abscheu gegen den Krieg möchte ich die Erinnerung an diese ersten Tage ... nicht missen. ... Alle Unterschiede der Stände, der Sprachen, der Klassen, der Religionen waren überflutet für diesen einen Augenblick von dem strömenden Gefühl der Brüderlichkeit. ... Der kleine Postbeamte, ... der Schreiber, der Schuster hatte plötzlich ... eine romantische Möglichkeit ... er konnte Held werden, und jeden, der eine Uniform trug, feierten schon die Frauen ..."

Die Realisten, Rationalisten, Materialisten, Erfolgsmenschen, Yuppies, Dinks (oder schreibt man das Wort mit lauter Großbuchstaben: DINKS?) des frühen dritten Jahrtausends, für die die damalige Kriegsbegeisterung unverständlich ist, finden vielleicht in diesen Zeilen eine Erklärung der Massenhysterie des Jahres 1914 – ganz egal, ob in Wien oder Berlin, in Belgrad oder Budapest, in Paris oder ...

Um Gottes Willen, eine Kriegserklärung hätte ich fast vergessen! Serbien erklärte Deutschland ebenfalls den Krieg.

Freitag, der 7. August 1914

Montenegro (14.256 km², 515.000 Einwohner) erklärt Österreich-Ungarn (zirka 676.000 km², 52.000.000 Einwohner) den Krieg.

*****

Die Kriegslust erreichte nun auch die afrikanischen Kolonien: Vizekonsul Otto Markus meldete aus Mombasa, alle deutschen Staatsbürger seien verhaftet. Ungeschmälert war auch Sasonows Kriegslust. Er informierte Iswolski über seine Gespräche mit dem italienischen Botschafter in Russland: Erklärte Italien Österreich-Ungarn sofort den Krieg, bekäme es Triest und die Trentino. In ähnlichem Sinne agierten übrigens der französische und der englische Botschafter in Rom (zwischen deren Ländern und Österreich-Ungarn an diesem Tag noch offiziell Frieden herrschte).

Samstag, der 8. August 1914

Montenegro (noch immer 14.256 km², noch immer 515.000 Einwohner) erklärt Deutschland (540.858 km², 65.000.000 Einwohner, dazu die Kolonien: 2.658.161 km², 11.780.000 Einwohner) auch noch den Krieg.

Sonntag, der 9. August 1914

Graf Benckendorff, Russlands Botschafter in London, nahm gegen die Idee, Italien zu aktivieren, Stellung: Italien sei ja Bünd-

nispartner der Donaumonarchie, durch diese Kriegserklärung
käme König Viktor Emanuel in ein schiefes Licht.

Bleiben wir in London: Der k.u.k. Botschafter, Graf Mensdorff-Pouilly, wurde zu einem Nachmittagstee eingeladen. Der
Gastgeber: der König selbst! Am nächsten Tag berichtete er
begeistert nach Wien: „Der König empfieng (sic!) mich zuerst
allein, … dann nahmen wir im Garten den Thee mit der Königin
à trois, … König Georg … sprach die Hoffnung aus, dass es
zwischen England und Oesterreich-Ungarn nicht zu einem
Kriegszustande kommen würde.
Ich erklärte, ich sei überzeugt,
dass Niemand (sic!) hier uns
wünschen koennte, dass die
Jahrhunderte alte Freundschaft
zwischen den Staaten gebrochen
werde. ‚Unless you send your
fleet to bombard our coast in the
Adriatic‘[46] … Der König sagte
mir, England führe Krieg wegen
der Neutralität Belgiens, … nicht
wegen Serbiens." Ein sehr aus-
führlicher Bericht Mensdorff-
Pouillys: fast acht Seiten.

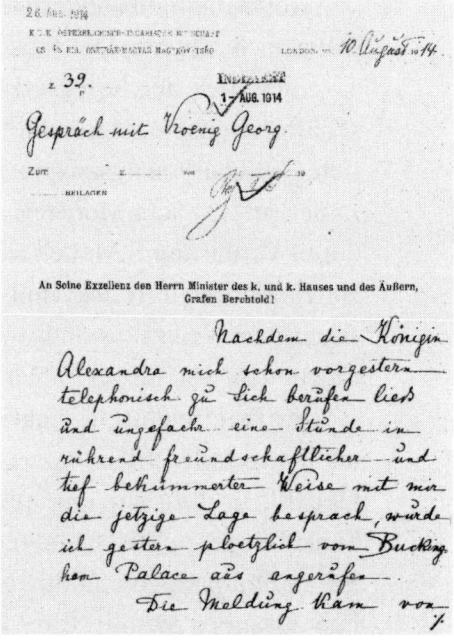

Ein acht Seiten langer begeisterter Bericht des
k.u.k. Botschafters über die rührend freundschaftliche Einladung beim englischen König. Drei Tage
später erfolgte die Kriegserklärung.

---

46 Es sei denn, Sie schicken Ihre Flotte, um unsere Adriaküste zu bombardieren.

Montag, der 10. August 1914

Die französische Regierung behauptete, k.u.k. Armeeeinheiten befänden sich in Deutschland. Dies wäre aber eine militärische Hilfe für Deutschland gewesen! Also wurde Botschafter Szécsen aufgefordert, Frankreich zu verlassen.

Mittwoch, der 12. August 1914

Szécsen war aus Frankreich weg, aber das reichte nicht. Frankreich erklärte Österreich-Ungarn den Krieg.

Großbritannien solidarisierte sich mit Frankreich und erklärte Österreich-Ungarn ebenfalls den Krieg.

Anlässlich der Kriegserklärung sprach zuerst natürlich Botschafter Bunsen zu Berchtold: „Darf ich E.E. bitten, S.M.[47] die tiefe Dankbarkeit auszusprechen für alle Huld und Gnade, die ich in den letzten acht Monaten empfangen habe, und ihn der besonderen Verehrung S.M. des Königs zu versichern, der zu S.M. mit Bewunderung aufblickt und die Hoffnung ausspricht, der tiefbedauerliche Kriegszustand zwischen England und der Monarchie möge nicht von langer Dauer sein."

Der österreichisch-ungarische Außenminister litt auch nicht an mangelnder Eloquenz: „Ich bin unendlich betrübt in dem Gedanken, dass wir uns mit England im Konflikt befinden, da beide Länder politisch und moralisch einander durch ihre überlieferten Sympathien und ihre gemeinsamen Interessen so nahe stehen. Erlauben Sie mir, Ihrer Hoffnung beizupflichten, dass dieser tief zu bedauernde Kriegszustand nicht lange dauern wird, und dass natürliche Beziehungen rasch wieder hergestellt werden können."

---

47 E.E. = Eure Exzellenz, S.M. = Seine Majestät.

Wenn man diese blumige Sprache der bei dieser Gelegenheit gehaltenen Reden liest, kann man nur fragen: Himmelherrgott, warum musstet ihr aufeinander schießen bei all dieser Sympathie, Huld, Gnade und Bewunderung?

*****

Und ausnahmsweise keine Kriegserklärung: Botschafter Szőgyény wurde abgelöst und verließ seinen Posten in Berlin. Er hatte die Monarchie 22 Jahre lang in Deutschland vertreten – wahrscheinlich Weltrekord für Botschafter.

Donnerstag, der 13. August 1914

Jetzt wurden in Mombasa auch schon die k.u.k. Staatsbürger verhaftet, darunter sogar Konsul Markus (siehe 7. August).

Mittwoch, der 19. August 1914

Die japanische Regierung dürfte die „Times" von Tokio (siehe 28. Juli) nicht gelesen haben und forderte Deutschland auf, all seine Kriegsschiffe aus den asiatischen Gewässern zurückzubeordern sowie das deutsche Pachtgebiet Kiautschou spätestens am 15. September zu räumen. Eine Antwort wurde bis zum 23. August 12:00 Uhr erwartet.

Sonntag, der 23. August 1914

Die japanische Regierung studierte noch immer nicht die „Times" von Tokio und erklärte Deutschland den Krieg.

Montag, der 24. August 1914

Österreich-Ungarn erklärte Japan den Krieg.

Dienstag, der 15. September 1914

Die Eröffnung des für diesen Tag geplanten Weltfriedenskongresses in Wien wurde aus verständlichen Gründen abgesagt.

Mittwoch, der 28. Oktober 1914

An diesem Tag endete der Strafprozess gegen die Attentäter von Sarajevo. Rund zwei Wochen hatte er gedauert. Die Angeklagten gaben alles zu, Čabrinović erklärte, das Ziel der Verschwörer sei die Wiedererrichtung des serbischen Reiches von Stefan Dušan[48] durch einen Krieg gewesen. Gavrilo Princip betonte vor dem Gericht seinen Hass auf Österreich, seine Genugtuung und Freude, Franz Ferdinand umgebracht zu haben – und sein Bedauern: Die zweite Kugel hätte Landeschef Potiorek gegolten, die Ermordung einer Frau sei niemals geplant gewesen.

Neun Angeklagte wurden freigesprochen, es gab mehrere Freiheitsstrafen. Princip – zum Zeitpunkt der Tatbegehung noch keine zwanzig Jahre alt – bekam zwanzig Jahre schweren Kerkers, dazu einen Fasttag monatlich sowie Dunkelhaft und hartes Lager jeden 28. Juni. „Schwerer Kerker" bedeutete nach dem damaligen Strafgesetz: angekettet.

In fünf Fällen lautete das Urteil: Tod durch Erhängen. Am 3. Februar 1915 wurden in Sarajevo drei Urteile vollstreckt, in zwei Fällen erfolgte im letzten Augenblick die Umwandlung der Todesstrafe in lebenslänglich beziehungsweise zwanzig Jahre.

---

48 Serbischer König zwischen 1331 und 1355. Sein Reich war damals der größte Staat am Balkan.

Donnerstag, der 18. Juli 1918

Die letzte Kriegserklärung: Keine vier Monate vor Kriegsende erklärte Honduras Deutschland den Krieg. Kriegsentscheidend wird's kaum gewesen sein ...

Dienstag, der 11. September 2001

Terroranschläge in Washington D.C. und New York forderten mehr als 3000 Tote.

Mittwoch, der 19. März 2003

US-Präsident G. W. Bush nahm an, Schuld am o. e. Terroranschlag trage die irakische Regierung, und schickte amerikanische Truppen in den Irak. Eine „Koalition der Willigen" unterstützte diesen Krieg (darunter auch Großbritannien und Italien).

Im Laufe dieses Krieges wurde zwar die Herrschaft eines der widerlichsten Diktatoren der vergangenen Jahrzehnte gestürzt, aber wenn man Saddam Hussein auch die grässlichsten Untaten vorwerfen kann: Zu den Hintermännern der Terroranschläge von 2001 gehörte er nicht.

Liebe Leserinnen und Leser, fällt Ihnen etwas auf? Wenn auch jeder Vergleich hinkt: Eine Großmacht verdächtigt die Regierung eines anderen Staates, an tödlichen Attentaten die Schuld zu tragen beziehungsweise über geplante Terroraktionen informiert gewesen zu sein, und entfacht einen Krieg, ohne hundertprozentige Beweise zu haben. Einmal war der Verdacht richtig (1914), einmal nicht (2003).

Die heutige Welt lebt seit mehr als vierzig Jahren im Zeichen des Terrors, im Zeichen von Attentaten, und man kann die Aktion des Präsidenten Bush je nach eigenem Geschmack gutheißen oder ablehnen. Aber wenn man sie gutheißt, dann muss man auch für die Politik der alten k.u.k. Monarchie Verständnis aufbringen.

II. Die Beurteilung der Schuldfrage nach 1918

Es ist nicht möglich, dieses Buch zu beenden, ohne die Frage zu stellen: Wer war schuld am Kriegsausbruch? Nach 1918 fand man die Antwort blitzschnell: Schuld waren die Russen und die Serben mit ihren ständigen Provokationen – so hieß es im Dreieck Berlin–Wien–Budapest. Schuld waren Deutschland und Österreich-Ungarn – tönte es in den Siegerstaaten, hatten ja diese Länder mit den ersten Kriegserklärungen den Weltbrand entfacht. Diese Meinung triumphierte in den vorangangenen Jahren in der sehr selbstkritisch gewordenen deutschsprachigen Literatur, aber auch in der ungarischen.

In der Einheitsfront der einseitigen Betrachtungsweise der Sieger traten bald Risse auf. Bereits Anfang der 1920er-Jahre beschuldigte der angesehene italienische Historiker Corrado Barbagallo (1877–1952) die Ententemächte, den Krieg provoziert zu haben: „Trotz der Fehler, deren sich die deutsche Regierung schuldig machte, muss man ihr … recht geben, wenn sie auf die russische Mobilmachung mit der Kriegserklärung antwortete. Der einzige Vorwurf, den man ihr machen kann, ist, dass sie ein paar Tage zu lang gezögert hat."

Bald explodierte auch in Frankreich eine symbolische Bombe: Die Ehrenlegion schloss eines ihrer Mitglieder, M. Demartial, auf die Dauer von fünf Jahren aus, da er die Alleinschuld der Mittelmächte angezweifelt hatte. Demartials Mitritter, René Gerin, erklärte sich mit seinem gemaßregelten Kameraden solidarisch und prophezeite, dass die Geschichtsschreibung späterer Generationen sich Barbagallo anschließen würde. Außerdem stellte er 14 Fragen bezüglich der Kriegsschuld an mehrere führende Persönlichkeiten, Zeitungen und Institutionen. 13 Adressaten ignorierten Gerins Fragen, der 14. beantwortete sie. Der auskunftsfreudige Interviewpartner war Poincaré selbst. Er meinte zwar, schuld seien „die beiden kaiserlichen Regierungen, die damals in Deutschland und Österreich-Ungarn mit absoluter Gewalt herrschten". Gleichzeitig betonte Poincaré, zwischen dem deutschen Volk und dem Kaiser sowie den führenden Politikern einen Unterschied zu machen: Die Schuld sei nicht beim Volk gelegen! Ablehnung der Idee der Kollektivschuld vor neunzig Jahren! Hut ab, Monsieur le Président!

Gerins Fragen waren übrigens langatmig, aber ab und zu scharf, er wies auch nach, dass nach den Angaben eines französischen Gelbbuches Österreich-Ungarn noch vor Russland mobilisiert haben soll. War's eine absichtliche Täuschung? Das konnte nicht mehr festgestellt werden, Poincaré erklärte auf jeden Fall, die französische Regierung sei 1914 … guten Glaubens gewesen, … die österreichische Generalmobilmachung sei der russischen Generalmobilmachung vorangegangen.

1924 gab es eine Sensation: Die Mitwisserschaft serbischer Regierungskreise am Attentat in Sarajevo wurde nachgewiesen – die Enthüllung kam ausgerechnet aus Belgrad! Parlamentspräsident Ljubomir (oder Ljuba) Jovanović[49] (1914: Unterrichtsminister Serbiens) beschrieb anlässlich des zehnten Jahrestages des Kriegsbeginns seine eigenen Erinnerungen an den schicksalsschwangeren Sommer 1914. Seine Schrift erschien im „Krv slovenstva", die englische Übersetzung wurde im „Journal of the British Institute of International Affaires" veröffentlicht (1925),

---

49 Mit dem serbischen Gesandten in Wien anno 1914, Jovan Jovanović, nicht identisch. Und mit dem anderen serbischen Gesandten, mit jenem in Berlin, ebenfalls 1914, Milutin Jovanović, auch nicht.

und wenn es noch so unglaublich klingt: Eine deutsche Übersetzung existiert nicht (der Autor ließe sich gerne eines Besseren belehren).

Jovanović war kein austrophiler Verräter Serbiens, er war ein hundertprozentiger serbischer Patriot und Österreich-Feind. Er besuchte einige Tage nach dem Attentat z. B. pflichtgemäß das in Erinnerung an Franz Ferdinand gehaltene Requiem in der katholischen Kirche der Wiener Gesandtschaft in Belgrad – aber wie ist es ihm dabei ergangen? „… Ich fühlte mich wie inmitten von Feinden, die keinen Frieden mit uns haben wollen." Seine Erziehung? „In meinem ganzen Leben wurde mir beigebracht, in allem, was Österreich tat, das Schlechte zu suchen."

Das heißt, Voreingenommenheit zugunsten der Wiener Politik kann man ihm nicht vorwerfen! Wir erfahren aus seiner Feder (oder bereits Schreibmaschine?), dass Ministerpräsident Pašić Ende Mai oder Anfang Juni 1914 einigen Ministern mitgeteilt hat, auf Franz Ferdinand werde ein Attentat vorbereitet. Innenminister Stojan Protić reagierte prompt und wies die Grenzbeamten an, die Verschwörer nicht über die Grenze zu lassen. Diese Beamten waren jedoch auch involviert, ließen ihre Gesinnungsfreunde selbstverständlich problemlos nach Bosnien und teilten nachher der Obrigkeit mit, die Weisungen leider zu spät erhalten zu haben.

Jovanović stellte noch einen Persilschein für die k.u.k. Monarchie aus: Als der russische Gesandte, Graf Hartwig, eine Säule des panslawischen Gedankens, im Gebäude der österreichischen Gesandtschaft einem Herzanfall erlag, glaubten die Leute, sein Gastgeber, Baron Giesl, hätte ihn einfach vergiftet. Dazu Jovanović: „Keine Dummheit, keine Infamie seitens Österreichs hätte mich überrascht, aber ich wusste, dass Hartwig ein sehr schwaches Herz hatte." Die ärztliche Untersuchung erbrachte ein eindeutiges Ergebnis: natürlicher Tod.

Der langen Rede kurzer Sinn: Es lief darauf hinaus, dass „… keine der Mächte die volle Verantwortung für den Krieg trägt und dass keine von ihnen völlig schuldlos ist". Dieser weise Satz stammt vom britischen Historiker Gordon A. Craig (1974).

III. Abschied von den Hauptpersonen

Was geschah mit jenen Herrschern, Politikern, Militärs, Diplomaten, die den Krieg gewollt, vorbereitet, durchgesetzt hatten? Dienten sie selbst an der Front? Überlebten sie den Weltbrand? Schauen wir sie uns ein bisschen genauer an:

18. Juni 1916: Tod des Chefs des Großen Generalstabes Deutschlands, **Helmuth von Moltke** d. J. Sein Onkel (1800–1891), Chef des preußischen Generalstabes, hatte einst als Symbol des preußischen Nationalismus gegolten, der Neffe war ein Symbol des Deutschen Reiches, das nicht nur wirtschaftlich, sondern auch militärisch die erste Großmacht der Welt werden wollte. Wie sein Wiener Kollege Conrad von Hötzendorf hatte auch er einen Krieg bereits vor 1914 befürwortet. Nach der fehlgeschlagenen Marneschlacht (September 1914) rief er allerdings seinem Kaiser zu: „Majestät, wir haben den Krieg verloren." Das war zwar eine richtige Feststellung – aber sie bewahrheitete sich erst nach Moltkes Tod.

11. Juli 1916: Graf László (Ladislaus) Szőgyény-Marich, der ehemalige k.u.k. Botschafter in Berlin von 1892 bis 1914, Befürworter eines schnellen Angriffs auf Serbien, starb in Ungarn. In den Memoiren des deutschen Außenministers kommt er nicht sehr gut davon: „Der einst so kluge, aber in letzter Zeit recht gealterte Botschafter Graf Szőgyény, dessen amtliche Tage bereits gezählt werden, erfuhr

K.u.k. Botschafter Graf László Szőgyény-Marich (1841–1916)

scheinbar wenig von dem, was in Wien vorging oder beabsichtigt war." Jagow sparte nicht mit weiteren ähnlichen Beurteilungen.

21. Oktober 1916: Der k.k. österreichische Ministerpräsident, **Karl Graf Stürgkh**, zwar ein Kriegsfreund anno 1914, der aber eine eher passive Rolle während der Julikrise gespielt hatte, wurde in einem Wiener Nobelrestaurant beim Mittagessen erschossen. Der Täter, Dr. Friedrich Adler, ein kompromissloser Kriegsgegner, hatte in der Person Stürgkhs den Hauptschuldigen an Unrecht, Hunger und Elend gesehen. Adler wurde zum Tode verurteilt, nachher begnadigt und spielte jahrelang eine führende Rolle bei der Sozialistischen Internationale.

15. November 1916: Heinrich von Tschirschky und Böggendorff, Botschafter Deutschlands in Wien, starb in der Kaiserstadt an der Donau. Wilhelm II. hatte ihn einst angewiesen, in Wien mitzuteilen, dass man in Berlin ein forsches Vorgehen Österreich-Ungarns in der Serbienkrise erwarte. Diese Weisung erfüllte Tschirschky selbstverständlich perfekt, er sei sogar *der* große Kriegsfreund gewesen, lesen wir in den Memoiren des österreichischen Diplomaten und späteren Außenministers Graf Czernin. Tschirschky gehörte einst zu jenen, die „das Erdreich Europas urbar gemacht" hatten. „Die Aussaat, auch die ersten Halme auf dem Ackergrund des künftigen Sieges" konnte er nicht erleben, erfuhren die des Deutschen mächtigen ungarischen Zeitungsleser im Nekrolog (siehe „Pester Lloyd").

21. November 1916: Im Alter von 86 Jahren und 95 Tagen starb im Schloss Schönbrunn **Franz Joseph**. Er war vielleicht der letzte Monarch, der wirklich noch überzeugt war, *deo gratia*, also von Gottes Gnaden, zu regieren und nur Gott verantwortlich zu sein. In seinem langen Leben (1830–1916) erlebte er die unglaublichste Entwicklung: Als er auf die Welt kam, war noch die Pferdekutsche das wichtigste Verkehrsmittel – auf seine alten Tage gab es schon das Flugzeug. Er wuchs auf, als Metternich Europa dirigierte, er wurde unter Metternichs Fittichen, in Metternichs Geiste erzogen – und er starb knapp vor Lenins Triumph. In seiner Kindheit kannte die Medizin noch keine Schmerzausschaltung, vom Händewaschen der Ärzte war keine Rede – und gerade einige seiner Untertanen führten die Medizin in einigen Jahrzehnten in ungeahnte Höhen. In seinen jungen Jahren war er verhasst – später wurde er in seiner Heimat eine geachtete, hoch geehrte, allgemein respektierte Persönlichkeit. Seine Todesnachricht wurde in den damaligen Feindstaaten natürlich mit sehr negativer Beurteilung seiner Persönlichkeit kommentiert, die katholische Tageszeitung „La Croix" in Paris stellte immerhin fest: „Es ist vielleicht zu früh, … zu urteilen. … Nur Gottes Gerechtigkeit und Barmherzigkeit können heute die Verdienste und die Fehler dieses Herrschers richtig abwägen." In der nächsten Spalte folgte allerdings eine nicht göttliche, sondern redaktionelle Beurteilung: „Die Hauptverantwortung für den derzeitigen Kampf trägt dieser Greis …"

26. Juni 1917: Dragutin Dimitrijević (*Apis*), einst Chef des serbischen Militärgeheimdienstes, aber auch führende Persönlichkeit des Geheimbundes *Vereinigung oder Tod*, Drahtzieher des Attentates von Sarajevo, wurde in seiner serbischen Heimat aufgrund interner Intrigen vor Gericht gestellt, aufgrund falscher

Anschuldigungen zum Tode verurteilt und erschossen. 1953 erfolgte seine posthume Rehabilitierung.

24. Dezember 1917: Iwan Logginowitsch Goremykin, der bei den Verhandlungen total passive russische Ministerpräsident anno 1914, wurde Opfer des revolutionären Terrors: ermordet!

17. Juli 1918: Der 1917 entthronte Zar, **Nikolaus II.** von Russland, zweifellos ein blutbefleckter Autokrat, aber ein Kriegsgegner, wurde mit seiner Gattin und mit seinen fünf Kindern von einer bolschewistischen Soldatengruppe mit Zustimmung der obersten Parteiführung umgebracht. König Georg V. wäre bereit gewesen, ihm Asyl in Großbritannien anzubieten, die britische Regierung war dagegen, der König gab nach – das Ergebnis ist bekannt.

18. Oktober 1918: Der extrem konservative Chef des russischen Generalstabes und Kriegsbefürworter anno 1914, Nikolaj Nikolajewitsch Januschkewitsch, der bereits nach der Februarrevolution 1917 seinen Abschied von der aktiven Militärlaufbahn genommen hatte, starb in Tiflis.

31. Oktober 1918: Der ehemalige ungarische Ministerpräsident, **Graf István Tisza**, wurde in Budapest ermordet. Eine linksradikale Gruppe sah in ihm einen Kriegsverbrecher und erschoss ihn. Ein Mordprozess wurde 1920 zwar abgewickelt, ob die tatsächlichen Täter vor Gericht standen, ist fraglich. Nach dem heutigen Wissensstand war es ein Schauprozess, der Fall ist nach wie vor ungeklärt.

Unter Franz Josephs Nachfolger, König Karl IV. (in Österreich: Karl I.), verlor Tisza den Ministerpräsidentenposten. Er meldete sich freiwillig zum Frontdienst – der einzige führende Politiker, der den Krieg nicht nur befürwortet, sondern auch praktisch ausprobiert hat.

16. August 1919: In seinem französischen Exil starb der russische Politiker und Diplomat, **Alexander Petrowitsch Iswolski**, Fahnenträger des großrussischen Nationalismus, führende Persönlichkeit der Kriegsfreunde in Russland.

2. Jänner 1921: Theobald von Bethmann Hollweg, der ehemalige deutsche Reichskanzler und Kriegsfreund, starb an einer akuten Lungenentzündung. Einst ließ er Wien wissen, Deutschland stünde bedingungslos zu seinem Verbündeten. Er gehörte jener Gruppe an, die den Krieg gegen Serbien gewollt hat, gegen Russland eventuell auch noch, sich aber einen englischen Kriegseintritt nicht vorstellen konnte.

16. August 1921: Peter I., ursprünglich serbischer König, nach dem Krieg König des Königreiches der Serben, Kroaten und Slowenen (hieß offiziell erst ab 1929 Jugoslawien), starb in Belgrad. Während des Krieges war er krankheitshalber (?) von seinem Sohn Alexander vertreten worden. In den schweren Stunden der serbischen Armee blieb der König bei seinen Truppen, eine Flucht ins Ausland lehnte er ab. Nach dem Krieg hatte er ein Herrschaftsgebiet von 247.000 km² statt 86.500 km², die Anzahl seiner Untertanen wuchs von 4,17 auf zwölf Millionen. Von diesen zwölf Millionen waren allerdings nur 45 Prozent Serben. Alle anderen Slawen machten zirka 40 Prozent aus, das heißt, zwei Millionen waren Nichtslawen.

25. August 1925: Der kompromissloseste Kriegsbefürworter, der jahrelang einen Präventivkrieg gefordert hatte, **Franz Conrad von Hötzendorf**, der ehemalige Chef des k.u.k. Generalstabes, starb in Bad Mergentheim. In seinen Memoiren kommt der letzte Kaiser, Karl I., nicht sehr gut weg, die letzte Kaiserin, Zita, schon gar nicht. Man spürt in Conrads Erinnerungen, dass er mit den großdeutschen Ideen sympathisiert hatte – man könnte nachdenken, wohin diese Ideen ihn geführt hätten, wenn er noch zehn Jahre gelebt hätte.

7. September 1925: Tod des ehemaligen französischen Minister-präsidenten (und gleichzeitig Außenministers), **René Viviani**. Nach Kriegsausbruch versuchte er, japanische Streitkräfte auf die europäischen Schlachtfelder zu bringen, was ihm misslang.

2. Februar 1926: Wer hätte es geahnt? **Wladimir Alexandro-witsch Suchomlinow** flüchtete nach Deutschland, nicht nach Frankreich (wie die meisten russischen Machthaber aus der Zaren-zeit). Der ehemalige russische Kriegsminister, dessen antideut-sche Hetzreden 1914 in Deutschland den Eindruck erweckt hatten, Deutschland müsse einen Verteidigungskrieg gegen russische Aggression führen, starb in einem Berliner Sanatorium! Wegen Misserfolgen der russischen Armee hatte ihn Nikolaus II. abge-löst, bald stand er vor einem Kriegsgericht wegen nachlässiger Amtsführung und Hochverrats. Im September 1917 (das heißt, bereits nach dem Sturz des Zaren, aber vor der kommunistischen

Machtübernahme!) bekam er eine lebenslängliche Haftstrafe. Im Frühjahr 1918 wurde er amnestiert (wahrscheinlich die einzige führende Persönlichkeit aus der Zarenzeit, die ihre Freiheit den Bolschewiken zu verdanken hat!). Bald danach ging er in die Emigration. Die gegen ihn erhobenen Anklagepunkte wurden später als eindeutige Verleumdungen qualifiziert.

10. Dezember 1926: Nikola Pašić, die führende politische Gestalt des serbischen Nationalismus, 17-facher Ministerpräsident vor und nach dem Krieg, hatte am 9. Dezember 1926 eine Audienz bei König Alexander. War diese Audienz zu aufregend gewesen? Einige Stunden danach erlitt er einen Schlaganfall, auch ein Aderlass konnte nicht helfen. Am nächsten Tag starb er. „Auch der Gegner senkt heute die Fahnen vor der geschichtlichen Bedeutung", stellte die „Neue Freie Presse" fest.

25. Dezember 1927: Sergei Dmitrijewitsch Sasonow, der Außenminister Russlands im Jahre 1914, starb in seinem Exil in Nizza. „Einer der großen Kriegsverbrecher gestorben", titelte in Wien die „Arbeiter-Zeitung".

15. Februar 1928: Tod des britischen Exministerpräsidenten, **Herbert Henry Asquith**, Initiator bedeutender sozialer Reformen, der sogar die Selbstverwaltung Irlands im Parlament durchgebracht hatte. Im Juli 1914 war er verhältnismäßig passiv, Irland interessierte ihn sicher mehr als Serbien.

27. Februar 1928: Der erfolglose Friedensfreund, **Karl Max, Fürst von Lichnowsky**, der ehemalige deutsche Botschafter in

London, starb in einem seiner Schlösser in der Tschechoslowakei. Niemals hätte das Wiener Kabinett eine so schroffe Haltung gegen Serbien eingenommen, wenn man es nicht mit dem Vorwurf der „Schlappheit" dazu gedrängt hätte, analysierte er die 1914er-Geschehnisse.

3. Mai 1928: Der Diplomat mit deutschem Vornamen und französischem Familiennamen, der Nachkomme geflohener französischer Hugenotten, **Friedrich Pourtalès**, der als Botschafter am Zarenhof die deutsche Kriegserklärung einst mit Tränen in den Augen (?) überreicht hatte, starb in Deutschland.

6. Jänner 1929: Großfürst Nikolaj Nikolajewitsch, der ehemalige Oberbefehlshaber der russischen Streitkräfte, ein radikaler antideutscher Kriegsfreund, starb in seinem französischen Exil.

7. September 1933: Sir Edward Grey, seit 1916 Viscount und Oberhausmitglied, ehemaliger Außenminister Seiner Majestät (und anerkannter Ornithologe), starb in seiner englischen Heimat. Während der Julikrise 1914 hatte er erfolglos versucht, eine Konferenz der Beteiligten zusammenzutrommeln, 1915 war er bei den Londoner Geheimvereinbarungen (siehe Kriegseintritt Italiens) wesentlich erfolgreicher gewesen. Seine Ministerialbeamten fabrizierten im August 1916 ein Memorandum: Wie sollten die Grenzen in Europa nach dem Krieg gezogen werden? Einige Punkte wirken heute utopisch oder lächerlich (Böhmen möge dem Königreich Polen angeschlossen werden), andere zeigen frühe Selbstkritik: „Der am 26. April 1915 zwischen Italien und seinen Verbündeten geschlossene Vertrag hat dadurch, dass er die gesamte Halbinsel Istrien, ein großer Teil der dalmatinischen Küste samt den meisten Inseln – wo die Bevölkerung zweifellos slawisch ist – Italien zuspricht, leider eklatant das nationale Prinzip verletzt ...“[50]

9. Oktober 1934: Ustaschas (rechtsextreme kroatische Nationalisten) ermorden in Marseille den französischen Außenminister Louis Barthou und dessen Staatsgast, den jugoslawischen König, **Alexander I.** Im Juli 1914 hatte dieser seinen Vater, Peter I., als Regent vertreten, 1917 war er der Initiator des Prozesses gegen Dragutin Dimitrijević (siehe oben) gewesen. Nach dem Tod seines Vaters erbte er den serbisch-kroatisch-slowenischen Thron. 1929 führte er den berühmt-berüchtigten Königsputsch durch: Ausschaltung der demokratischen Institutionen des Staates, Einführung einer Königsdiktatur, offizielle Umbenennung des Staates in „Jugoslawien".

15. Oktober 1934: Raymond Poincaré, der ehemalige französische Staatspräsident, starb in Paris. In der Nachkriegszeit hatte er Frankreichs Finanzen saniert. Er selbst hielt sich niemals für einen Kriegsfreund (nach dem Motto, ein Krieg würde gerade seine lothringische Heimat in ein Schlachtfeld verwandeln), gab aber zu: „so sah ich für meine Generation einen Existenzgrund überhaupt nur in der Hoffnung, die verlorenen Provinzen wieder

---

50 Siehe: Public Record Office, London, Cabinet 29/1 in: Romsics Ignác: Magyar sorsfordulók (Ungarische Schicksalswenden), Budapest, 2012.

zu gewinnen", und in einem heutigen französischen Lexikon lesen wir, er hätte sich „total der ‚Revanche' gegen Deutschland" gewidmet.

Sechs Tage vor seinem Tod wurden König Alexander von Jugoslawien und der französische Außenminister Barthou in Marseille ermordet – das Attentat war für Poincaré ein arger Schock, da Barthou zu seinen Freunden gehört hatte.

11. Jänner 1935: Der ehemalige deutsche Außenminister, **Gottlieb von Jagow**, starb in Potsdam. Der Wortführer einer deutsch-britischen Kooperation hatte schon im Juli 1914 zu den Vorsichtigen gehört. Nach Kriegsausbruch war er gegen den Angriff auf das neutrale Belgien gewesen, später gegen den totalen U-Boot-Krieg, aber er konnte sich nicht durchsetzen.

20. Jänner 1936: Tod des britischen Königs, **Georg V.**, Sohn und Nachfolger des erfolgreichen Außenpolitikers Edwards VII., unter dessen Herrschaft der Freundschaftsvertrag mit Japan (1902) unterschrieben worden war, dem 1908 in Reval (= Tallinn) ein Abkommen mit Russland über Persien gelungen war („Einschnürungspolitik" oder „Einkreisungspolitik" – der eingeschnürte Staat war Deutschland).

Georg V. hatte einst auch zu den „Tauben" gehört, für eine k.u.k. „Strafaktion" gegen Serbien hätte er sogar Verständnis gehabt. Während des Krieges hatte er die stark antideutsche Stimmung in seiner Heimat zur Kenntnis zu nehmen gehabt, deshalb hatte er den Namen seiner Dynastie geändert: Aus dem Haus Sachsen-Coburg-Gotha wurde das Haus Windsor.

20. April 1936: In Salzburg starb **Freiherr Wladimir Giesl von Gieslingen**, der einst als k.u.k. Gesandter in Belgrad das Ultimatum überreicht hatte. 1915 hatte er sich zum Frontdienst gemeldet, sein Gesuch war allerdings abgewiesen worden. Daraufhin wählte er die Frühpension. 1931 trat er der damals noch legalen NSDAP[51] bei und hielt fulminante Wahlreden für die Nazis.

4. Juni 1941: Wilhelm II., der Deutsche Kaiser, starb in seinem niederländischen Exil. Er gilt heute als *der* Kriegshetzer (ob mit oder ohne Recht, haben Sie bereits gelesen). Zur Zeit des Zusammenbruches 1918 hatte er sich in Belgien befunden. Hier hatte ihn die Nachricht erreicht, dass die Ententemächte ihn als Kriegsverbrecher vor Gericht stellen wollten.[52] Das neutrale Holland hatte ihm Asyl angeboten, das er annahm. Es stammen von ihm mehrere antisemitische Äußerungen, aber die NS-Terroraktionen im November 1938 („Reichskristallnacht") erschütterten ihn, er rief sogar die Deutschen auf, gegen diese Schande zu protestieren. Seine letzte politische Äußerung war ein Telegramm an Hitler nach dem deutschen Einmarsch in Paris 1940: „Unter dem tiefergreifenden Eindruck der Waffenstreckung Frankreichs beglückwünsche ich Sie und die gesamte deutsche Wehrmacht zu dem von Gott geschenkten gewaltigen Sieg."

21. November 1942: Auf den Tag genau 26 Jahre nach dem Tod seines Kaisers und Königs starb der in Wien geborene, in Mähren

---

51 Die Partei der Nazis wurde in Österreich erst 1933 verboten.
52 Es gab nach dem Ersten Weltkrieg mehrere Kriegsverbrecherprozesse. 1921 wurden in Leipzig einige drittrangige Personen wegen Kriegsverbrechens vor Gericht gestellt – der Prozess war eine Farce. Bulgarien stellte einige seiner Bürger vor Gericht (unter serbischem Druck), die Türkei ebenfalls (unter britischem Druck). Interessanterweise gab es keinen ausländischen Druck, Bürger der k.u.k. Monarchie anzuklagen.

aufgewachsene ungarische Staatsbürger mit Tiroler Wurzeln, **Graf Lipót (Leopold) Berchtold**, in Ungarn. Der ehemalige k.u.k. Außenminister, der Hauptbetreiber des Ultimatums und der Kriegserklärung, hatte bald sanftere Töne angeschlagen: Er wäre bereit gewesen, Italiens Neutralität mit Gebietsabtretungen zu erkaufen. Daraus wurde nichts. Nach dem Krieg lebte er in Ungarn, als Mitglied des Herrenhauses dürfte er ein ziemlich stressfreies Leben geführt haben.

Fehlt noch jemand aus dieser illustren Runde?
Sicher, der wichtigste Mann: **Gavrilo Princip**, dessen Schüsse alles in Gang gesetzt hatten. Er wurde vor Gericht gestellt und in einem vorbildlich fairen Prozess zu zwanzig Jahren Kerker verurteilt – aber das ist ja bereits festgestellt worden.

Der Strafvollzug war weniger fair. In einer kalten, feuchten Zelle in Theresienstadt erkrankte er an Knochentuberkulose. Ein Arm musste ihm amputiert werden, aber auch diese Operation rettete ihn nicht: Er starb am **28. April 1918**, also noch vor Kriegsende. Die Verwirklichung seiner Ziele erlebte er nicht: den Zusammenbruch des habsburgischen Imperiums und die Gründung eines vereinigten südslawischen Staates. Ja, ja, Princip war der „erfolgreichste" politische Mörder der Weltgeschichte. Er galt in Jugoslawien jahrzehntelang als Volksheld. Im heutigen bosnischen Staat verlor er allerdings seinen Lorbeerkranz: Die Gavrilo-Princip-Brücke wurde umbenannt und heißt wieder Lateinerbrücke.

Dass zwischen Princips Schüssen und der Verwirklichung seiner Ziele mehr als neun Millionen Menschen gestorben sind, dass weitere Millionen ihre Arme, Beine, Augen, ihre Arbeitsfähigkeit, ihre Gesundheit, ihre Existenz verloren haben, dass blühende Landschaften zerstört worden sind, dass der Weg für Lenin und später für Hitler frei wurde, erlebte Princip auch nicht. Aber diese „Kleinigkeiten" würde man heute als Kollateralschäden bezeichnen.

Register

Quellenverzeichnis

ARCHIVMATERIAL
Haus-, Hof- und Staatsarchiv (Wien)
Liasse XLII. P.A. I./490
Liasse XLV/2-6 P.A. XI.
Liasse LVI.-LVIII.
Liasse Krieg

Ungarisches Staatsarchiv (Magyar Országos Levéltár)
K26 3205/13 Nr. 519
K26 3208/13
K26 1016 Nr. 5502
K26 1027 Nr. 7233

LEXIKA, NACHSCHLAGEWERKE
Grand Larousse Universel, Band 12. Paris 1997.
Kleindel, Walter: Daten zur Geschichte und Kultur. Wien 1995.
Kleindel, Walter: Urkund dessen... Wien 1984.
Rönnefarth, Helmuth K. G.: Konferenzen und Verträge, Teil II., 3. Band. Würzburg 1958.
Sokop, Brigitte: Stammtafeln europäischer Herrscherhäuser. Wien–Köln–Weimar 1993.
Spuler, Bertold: Regenten und Regierungen der Welt, Teil II., Band 3. und 4. Würzburg 1962 bzw. 1964.

PERIODIKA
Arbeiterinnen-Zeitung, Arbeiter-Zeitung, Armeeblatt, Az Ujság, Bregenzer Tagblatt, Deutsches Volksblatt, Die Arbeit, Die Bombe, Die Neue Zeitung, Fremdenblatt, La Croix, Le Figaro, Neue Freie Presse, Neuigkeits-Weltblatt, Neues Wiener Journal, Österreichische Volks-Zeitung, Pester Lloyd, Prager Tagblatt, Reichsgesetzblatt, Reichspost, Salzburger Chronik, The Times, Wiener Montags-Journal, Wiener Sonn- und Montagszeitung, Wiener Zeitung, Znaimer Wochenblatt

SONSTIGE LITERATUR

Andics, Hellmut: Der Untergang der Donaumonarchie. Wien–München–Zürich 1974.

Bölöny, József: Magyarország kormányai 1848–1992 (*Die Regierungen Ungarns 1848–1992*). Budapest 1992.

Conrad von Hötzendorf, Franz: Private Aufzeichnungen. Wien–München 1977.

Craig, Gordon A.: Geschichte Europas 1815–1980 (*Europe since 1815*). München 1983.

Czernin, Ottokar: Im Weltkriege. Berlin–Wien 1919.

Deák, István: Der k.(u.)k. Offizier. Wien–Köln–Weimar 1991.

Dokumente zum Weltkrieg 1914, IX. Österreichisch-ungarisches Rotbuch. Herausgegeben von Eduard Bernstein, Berlin 1915.

Galántai, József: A Habsburg-Monarchia alkonya (*Der Untergang der Habsburgermonarchie*). Budapest 1985.

Galántai, József: Magyarország az első világháborúban (*Ungarn im Ersten Weltkrieg*). Budapest 2001.

Geiss, Imanuel: Juli 1914. München 1965.

Grey, Lord Edward: Fünfundzwanzig Jahre Politik. München 1926.

Jagow, Gottfried von: Ursachen und Ausbruch des Weltkrieges. Berlin 1919.

Janetschek, Ottokar: Kaiser Franz Joseph. Zürich–Leipzig–Wien 1949.

Joll, James: Die Ursprünge des Ersten Weltkrieges (*The Origins of the First World War*). München 1988.

Kaufmann, Fritz: Sozialdemokratie in Österreich. Wien–München 1978.

Komjáthy, Miklós: Protokolle des Gemeinsamen Ministerrates der österreichisch-ungarischen Monarchie 1914–1018. Budapest 1966.

Krug von Nidda, Roland: Der Weg nach Sarajewo. Wien–München–Zürich 1964.

Kurze Geschichte Siebenbürgens (Herausgegeben von Béla Köpeczi). Budapest 1990.

Leier, Eric A.: Die Mission Hoyos. 2011.

Ludwig, Emil: Juli 14. Hamburg 1961.

Musulin, Freiherr von: Das Haus am Ballplatz. München 1924.

Olivier, Daria: Die Romanows. Lausanne 1968.

Pauli, Hertha: Das Geheimnis von Sarajevo. Wien–Hamburg 1966.

Pilch, Jenő: A világháború története (*Geschichte des Weltkrieges*). Budapest 1928.

Poincaré, Raymond: Die Schuld am Krieg *(Les responsabilités de la guerre).* Berlin 1930.

Pourtalès F., Graf: Meine letzten Verhandlungen in St. Petersburg. Berlin 1927.

Scheuch, Manfred: Historischer Atlas Österreich. Wien 1994.

Stieve, Friedrich: Iswolski im Weltkriege – Der diplomatische Schriftwechsel Iswolskis aus den Jahren 1914–1917. Berlin 1926.

Suchomlinow, W. A.: Erinnerungen. Berlin 1924.

Szegő, Johann: Ungarisches Wien. Wien 1998.

Szegő, Johann: Bekannte österreichische Selbstmörder. Wien 2011.

Taylor, Telford: Die Nürnberger Prozesse *(The Anatomy of the Nuremberg Trials).* München 1994.

Wilde, Harry: Politische Morde unserer Zeit. Frankfurt 1966.

Zeman, Zbyněk A.: Der Zusammenbruch des Habsburgerreiches (*The Break-Up of the Habsburg Empire).* Wien 1963.

Zöllner, Erich: Geschichte Österreichs. Wien 1984.

Zweig, Stefan: Die Welt von Gestern. Frankfurt a. M. 1970.

SONSTIGES

Kossack, Uwe: Ein Giftattentat auf Rasputin scheitert (SWR2 Zeitwort, 12. Juli 2012).

Bildnachweis

Die Bilder stammen aus den Archiven des Metroverlages, dem
Haus-, Hof- und Staatsarchiv sowie dem Ungarischen Staatsarchiv. Der Verlag hat alle Rechte abgeklärt und bedankt sich
für die Zurverfügungstellung der Bilder. Konnten in einzelnen
Fällen die Rechteinhaber der reproduzierten Abbildungen nicht
ausfindig gemacht werden, bittet wir sie, dem Verlag bestehende
Ansprüche zu melden.

© 2013 METROVERLAG
Verlagsbüro W. GmbH
www.metroverlag.at
Alle Rechte vorbehalten
Printed in the EU
ISBN 978-3-99300-138-4